LA POLITIQUE NATURELLE DE LA FRANCE

COMPARÉE A CELLE DE LA RÉPUBLIQUE DE L'EMPIRE ET DE LA ROYAUTÉ

AVIGNON
TYPOGRAPHIE DE F. SEGUIN AINÉ
Rue Bouquerie, 13.

1872

LA

POLITIQUE NATURELLE

DE LA FRANCE

LA POLITIQUE NATURELLE DE LA FRANCE

COMPARÉE A CELLE

DE LA RÉPUBLIQUE

DE

L'EMPIRE ET DE LA ROYAUTÉ

AVIGNON
TYPOGRAPHIE DE F. SEGUIN AINÉ
Rue Bouquerie, 13.

1872

LA POLITIQUE NATURELLE

DE LA FRANCE

COMPARÉE A CELLE

DE LA RÉPUBLIQUE, DE L'EMPIRE ET DE LA ROYAUTÉ

Introduction.

I

La France présente aux yeux de l'Europe le plus triste spectacle, celui d'une nation divisée en partis acharnés les uns contre les autres. Il faudrait être bien aveugle pour ne pas voir que chacun d'eux ramasse ses forces pour le jour de la lutte, et surveille les préparatifs et les mouvements de ses adversaires afin de profiter de leurs fautes et de s'emparer du pouvoir.

Mais en attendant que les citoyens descendent dans la rue, les armes à la main, les écrivains irritent les esprits par leurs querelles quotidiennes où souvent les raisons sont remplacées par des injures. Tout le monde déclare que ce ne sera point ainsi que les chefs des partis parviendront jamais à s'entendre; mais personne ne tente de suivre, pour les réconcilier, la voix de la douceur et du raisonnement. Ce n'est plus par la simple exposition de la vérité qu'on tâche de persuader; on veut faire accepter des théories par la violence du langage.

Certains hommes même emploieraient volontiers la force des armes au triomphe de leurs idées.

Cependant il serait temps de travailler à éteindre nos funestes divisions et à guérir notre malheureuse patrie du plus grand mal dont elle puisse souffrir. L'oracle de la sagesse, la lumière de la raison, l'enseignement de l'histoire nous assurent que les divisions intestines sont les symptômes qui précèdent l'agonie d'un peuple.

Pour avoir des exemples de nations ruinées par la discorde, il n'est pas nécessaire de remonter jusqu'aux républiques de la Grèce et à celle de Rome; la Pologne rayée de la carte de l'Europe, à cause de ses divisions, l'Espagne en proie à la guerre civile depuis un demi siècle, suffisent pour nous montrer ce qui attend la France si elle ne revient pas au principe d'unité qui l'a formée et qui la conservera.

II

Une nation peut subir tous les autres fléaux, sans rien craindre pour son existence. On la verra toujours sortir vivante du déluge de toutes les calamités, qui, fondant ensemble sur elle, seront venues un moment arrêter sa prospérité, suspendre son commerce, paralyser son industrie, moissonner des vies précieuses, dévaster des provinces entières. Il est vrai que tous les ressorts de sa vie sont d'abord comprimés sous un poids accablant, mais bientôt ce poids étant écarté par l'union de toutes les forces vives de la nation, le mouvement, qui la menait vers le but de ses glorieuses destinées, reprend sa marche avec une nouvelle activité.

Les afflictions ne sont alors que des épreuves passagères, qui tiennent sa vertu en éveil. Trop de gloire enorgueillit; trop de luxe corrompt; trop d'abondance énerve. Un excès entraîne dans un autre. Un peuple glissant peu à peu sur la pente du vice ne s'aperçoit pas qu'il se précipite dans l'abîme: il ne le sent que lorsqu'il touche au fond.

Il faut alors la honte de la chute pour le ramener sur le droit chemin. La défaite enseigne la prudence au peuple que l'orgueil a rendu présomptueux; l'appauvrissement contraint à la tempérance celui que le luxe a corrompu; la disette oblige au travail et à la frugalité celui dont l'abondance avait amolli le caractère.

Dans les ravages d'une épidémie, la jeunesse apprend à connaître le prix de la santé, et l'influence des bonnes mœurs sur la vigueur du corps. Quant à la nation, semblable à un arbre émondé et assaini, elle a bientôt réparé ses pertes.

Malgré les horreurs de la famine, le laboureur prudent ne laisse pas de jeter dans les sillons la semence qui ramènera l'abondance; et les quelques grains de blé qui auraient à peine suffi à prolonger de peu de jours la vie d'un homme, soutiennent celle de tout le peuple.

Quand l'ennemi foule aux pieds des provinces entières, le courage se rallume dans le cœur des citoyens avec l'amour de la patrie souffrante; pour chasser l'étranger, les soldats accourent de tous côtés sous l'étendard national ; enfin s'il faut relever de leurs ruines des villes et des forteresses, chacun apporte son travail ou son argent dans le désir de contribuer à l'œuvre commune.

III

Qui ne se rappelle ici le peuple athénien travaillant jour et nuit à rebâtir ses murailles pendant que Thémistocle amusait les Lacédémoniens? Qui n'a dans l'esprit le souvenir de tout le patriotisme de toutes les cités de la Grèce et de leur union contre les troupes innombrables des rois de Perse? Qui ne pense aux Romains toujours si fiers et si unis toutes les fois qu'il s'agissait de repousser les incursions des Samnites, ou les invasions des Gaulois et des Carthaginois? Mais je passe sur ces exemples des peuples anciens; je préfère rapporter ceux des peuples modernes.

Au XIVe siècle, sous le sage Charles V, la France, unie dans un même sentiment de haine des Anglais, et d'amour pour le roi, reprit des mains des conquérants la majeure partie des provinces qu'elle avait perdues par sa folle ardeur dans les combats.

Les malheurs de Charles VI lui ravirent le fruit des victoires de son père. Mais à la voix de Charles VII que conduisait l'héroïque Jeanne d'Arc on vit la France se lever une seconde fois comme un seul homme pour reconquérir son indépendance.

Et qui oublierait jamais la fameuse lutte des Espagnols contre les Maures? C'est grâce à l'énergie des sentiments communs qui animaient tous les Espagnols que Pélage longtemps enfermé dans les montagnes des Asturies où il avait concentré l'âme de la patrie, descendant enfin avec ses fidèles compagnons de ses rochers inacessibles, renversa la puissance mahométane et rendit à l'Espagne son Dieu, son roi et sa liberté.

Au commencement de ce siècle,nos pères ont admiré cette fière nation luttant sans relâche contre le roi étranger qu'un célèbre conquérant voulait lui imposer. Et de nos jours nous voyons encore le même spectacle. Mais Charles VII aura plus de difficultés que n'en eut Ferdinand VII à remonter sur le trône de ses ancêtres; parce que celui-ci trouvait une nation unie, et l'autre la trouve divisée. La haine même de l'étranger n'est pas capable d'imposer une trêve aux dissensions politiques. Les républicains d'Espagne en ont donné une preuve dans leur proclamation récente.

Henri IV rencontra les mêmes obstacles pour se mettre en possession du trône où l'appelaient les droits de sa naissance, car ce n'était pas contre des étrangers qu'il lui fallait combattre,mais contre ses propres sujets dont les esprits étaient divisés. La France ne se releva de l'état d'abaissement et de faiblesse où l'avaient réduite les guerres de religion que lorsque Henri IV, ayant conquis la couronne, et abjuré l'hérésie, tous les partis se furent soumis, les protestants sans regret, et les catholiques sans crainte, et que tous n'eurent plus d'autres passions que celle de bien servir le roi dont ils respectaient également l'autorité. Cette unité de principe sauva la France de la ruine et l'amena à l'apogée de la gloire.

IV

Mais autant elle était alors unie, autant elle est aujourd'hui divisée. Chacun veut la doter d'une forme de gouvernement différente. Les uns rêvent la République, les autres vantent l'Empire, enfin la plus grande et meilleure partie soutient la Royauté. Qui éteindra ces divisions intestines ? Comment éclairer des esprits prévenus? Par quel moyen ramener aux mêmes sentiments des hommes obstinés chacun dans leur propre pensée et croyant leur politique plus capable de rendre à la France la gloire, la prospérité et le bonheur?

Tant que les divisions ne viennent que de l'ambition qui pousse les citoyens à se disputer les emplois et les commandements, les grands peuvent espérer de faire l'accord avec le peuple par des concessions de pouvoir : ces rivalités de zèle loin de nuire à la nation contribuent à l'accroissement de sa force ; les ennemis du dehors ont tout à craindre, quand les citoyens n'ambitionnent les premières places que pour acquérir plus d'honneur en courant plus de périls.

Mais lorsque des esprits plus généreux que prudents veulent substituer une autre forme de gouvernement à celle qui est établie, alors ce n'est plus le bien de l'État qu'ils cherchent à procurer ; c'est un idéal qu'ils rêvent de réaliser. Bientôt la passion l'emportant sur la raison, la guerre civile éclate, et la patrie se voit déchirer le sein par les mains de ses propres enfants.

Les empiétements des plébéiens sur les pouvoirs des patriciens maintinrent une lutte perpétuelle dans la république romaine sans l'empêcher de s'agrandir et d'être prospère. Mais quand le peuple et le Sénat furent divisés pour les idées politiques, les proscriptions et les guerres civiles commencèrent. Rome alors ne brilla plus que de sa gloire passée dont les reflets étaient encore assez éclatants pour couvrir la faiblesse et les ignominies de l'empire.

Déjà la France a éprouvé à plusieurs reprises toutes les horreurs de l'anarchie ; et elle craint encore le retour de ces jours funestes. Déjà les citoyens recommencent à se battre à coups de plumes pour le triomphe d'un parti politique avant de se tuer à coups de fusil dans les rues des villes insurgées.

Que faire pour épargner à ma patrie cette honte et cette douleur ? Pour réunir des esprits divisés il suffirait, je le sais, de dissiper des erreurs, de vaincre des préjugés. Mais comment faire pénétrer la lumière dans des esprits prévenus et les éclairer assez pour qu'ils adoptent le vrai moyen de rendre à la France son antique splendeur ? Tous les partis prétendent travailler à relever leur patrie ; mais il est évident que leurs principes opposés ne peuvent qu'aboutir à des conséquences contraires.

C'est en montrant les conséquences bonnes ou mauvaises des principes de chacun des gouvernements que j'espère amener les hommes de bonne foi à soutenir celui qui aura le moins d'inconvénients et le plus d'avantages.

V

Trois formes de gouvernement se disputent en ce moment la direction de la France : la République, l'Empire et la Royauté.

Les panégyristes et les détracteurs ont dit maintenant tout ce qui pouvait se dire en faveur ou au détriment de chacune d'elles. Reste à savoir laquelle doit triompher. Évidemment ce devrait être celle qui, de sa nature, est le plus en harmonie avec les besoins et les aspirations de la France.

Qu'on ne s'y trompe pas : chaque forme de gouvernement a une politique qui découle de son essence même. Les principes dominent les hommes ; on ne peut pas se soustraire à leurs conséquences.

Il faut aussi reconnaître que chaque peuple porte dans son caractère, ses mœurs, ses traditions, sa situation géographique, une politique propre et comme personnelle. Un peuple ne change pas à sa volonté sa politique, pas plus qu'il ne saurait changer sa langue.

Il sera donc nécessaire d'exposer la politique naturelle de la France avant de développer la politique naturelle de la République, de l'Empire et de la Royauté.

La force du raisonnement et l'enseignement de l'histoire seront les seules lumières qui éclaireront cette étude impartiale et consciencieuse. Par la comparaison des trois gouvernements, nous espérons rallier tous les esprits réfléchis autour du même drapeau qui est le drapeau national, et les animer à travailler tous ensemble à la restauration du pays en soutenant la forme dont la politique naturelle s'adaptera le mieux à la politique naturelle de la France.

N'étant par notre passé attaché à aucun parti, il nous sera d'autant plus facile de nous élever au-dessus de tout les partis. De cette hauteur inacessible aux passions, nous tâcherons de découvrir les avantages et les défauts de chacun d'eux; après cet examen approfondi, il sera facile à chaque lecteur de juger et de décider quel est celui qu'il doit embrasser, s'il veut servir réellement les intérêts de son pays.

Nous sommes loin de dissimuler les difficultés de notre tâche; mais si nous ne pouvons pas la remplir parfaitement, nous aurons du moins la satisfaction et le mérite d'y avoir travaillé selon notre pouvoir, et d'avoir ouvert la voie à de plus habiles.

LIVRE PREMIER

LA POLITIQUE NATURELLE DE LA FRANCE

CHAPITRE PREMIER. — Les Principes.

Un peuple n'invente pas une théorie politique, n'adopte pas un idéal de gouvernement qu'il se met ensuite à réaliser, indépendamment de toute considération de temps et de lieux, de mœurs et de traditions. Il doit nécessairement s'inspirer de ses besoins matériels et moraux, se baser sur les ressources du pays qu'il habite, se régler d'après les mouvements des nations voisines.

La position qu'il occupe sur la terre influera toujours beaucoup dans ses conseils. Ainsi, toute politique s'impose naturellement ; la guerre, le commerce, l'industrie, l'agriculture, l'éducation, subissent des modifications forcées. Tous les peuples s'occupent plus ou moins des mêmes choses, mais non tous de la même manière.

La religion exerce aussi son empire. On ne peut pas la pratiquer ou la dédaigner à volonté, sans éprouver un abaissement ou une élévation dans ses affaires. La morale surtout est plus puissante que l'esprit : les avantages qu'elle procure, quand elle est suivie, et les maux où tombe une nation qui la viole, l'obligent à s'intéresser à elle. Enfin, les peuples se forment de plusieurs manières; c'est de sa formation que dépend d'ordinaire le régime de gouvernement sous lequel chacun doit vivre. S'il tire son origine d'une même famille, il est naturellement soumis à un roi; s'il se forme par agglomération, il s'érige en république. L'empire sort toujours de l'anarchie, étant dû au bras d'un homme énergique dominant le désordre d'un peuple séditieux, qu'il fait plier sous sa volonté, qu'il réduit par force à l'obéissance, et qu'il contraint au respect de lui-même.

CHAPITRE II. — La guerre.

C'est par la guerre qu'un peuple conquiert sa place, et la conserve, en la défendant contre les convoitises des peuples voisins. L'armée est le rempart vivant qui le protége; c'est à l'ombre de l'égide du guerrier qu'il peut accomplir paisiblement ses destinées.

Les Français sont naturellement belliqueux; ils sentent couler dans leurs veines le sang des Gaulois et des Francs : deux peuples également jaloux de leur liberté et toujours prêts à la revendiquer par les armes. Dès leur enfance ils aiment le bruit des combats; dans un âge plus avancé ils aiment encore à cueillir des lauriers sur les champs de bataille. Quand nos rois et nos empereurs ont voulu faire la guere, soit par nécessité, soit par vaine gloire, soit par intérêt dynastique, ils ont toujours trouvé la nation disposée à les seconder.

Mais ce qui n'est pas moins à apprécier que

la valeur, c'est la souplesse de l'esprit français qui devine plutôt qu'il n'apprend ce qu'on lui enseigne. Pour avoir en France des armées solides et instruites, il n'est donc pas nécessaire de les lever longtemps avant la guerre. Un long apprentissage ne rend pas les soldats meilleurs ; il ne fait le plus souvent que les dégoûter de ce que la nature leur faisait aimer. Quand la guerre a éclaté, les hommes n'ont jamais manqué ; on les voyait courir en foule à l'appel de la patrie en danger. Ce n'est pas là une affirmation gratuite : l'histoire nous en offre des preuves nombreuses. Et de nos jours encore, dès que les Prussiens commencèrent à envahir nos provinces, il y eut un nombre prodigieux d'engagements volontaires.

Mais autant le Français aime le camp, autant il déteste la caserne; par conséquent la politique de la France est de laisser, en temps de paix, le paysan à sa charrue et l'ouvrier à son atelier.

Pourvu que les soldats soient menés par des officiers instruits et habiles, commandés par des généraux aussi prudents qu'audacieux, la France est presque assurée de la victoire. Du moins elle est certaine qu'ils accompliront toujours bien leurs devoirs, et que les armes ne resteront pas inutiles entre leurs mains.

Souvent des recrues encore peu exercées remporteront des victoires éclatantes, grâce à leur valeur et à leur instinct guerrier, car dans les âmes martiales la nature supplée facilement aux leçons de l'art.

La furie du Français est proverbiale : il se livre d'abord tout entier. Le péril ne saurait effrayer son courage. On pourrait plutôt lui reprocher de l'affronter avec trop peu de prudence. Il ne redoute rien tant que la lenteur. Un général trop avisé, ou pour mieux dire trop timide, avec le même nombre de soldats, avec les mêmes avantages des positions, perdra la bataille où un autre plus audacieux l'aurait gagnée. Les victoires sanglantes, qui sont toujours les plus déplorables, sont celles dont les Français se font le plus de gloire. Ils les donnent comme une preuve de leur héroïsme et de la résistance de l'ennemi, au lieu que le plus souvent elles ne sont en réalité qu'une preuve de leur témérité.

Mais pour obtenir de tels résultats, les généraux veulent être laissés à leur propre génie pour l'invention et l'exécution du plan de campagne. Sans cette initiative, ils manquent nécessairement du feu qu'inspire à l'âme sa propre conception. D'ailleurs, on le sait, toute domination, toute surveillance, en ôtant au génie la liberté de ses mouvements, lui coupe les forces et les ailes. Ce qui a défait principalement l'armée de la Loire, c'est l'espèce de tyrannie que Gambetta exerçait sur les chefs. Le général français veut encore que la faveur de l'opinion le soutienne dans l'action et le plaigne, au lieu de le condamner aigrement s'il vient à éprouver un échec. Les Romains ont peut-être donné au monde le premier exemple de cette grandeur d'âme, en félicitant un consul après une défaite terrible, attirée par son imprudence, de ce que dans un tel désastre il n'avait pas désespéré du salut de la République. Cette maxime que Rome pratiquait quelquefois par magnanimité, et pour relever le courage du peuple, dans une occasion périlleuse, la France, suivant en cela les traditions de ses mœurs chevaleresques, la tient comme une règle de sa politique.

On peut dire que la tactique du général français doit être en majeure partie dans son ardeur et dans celle qu'il sait inspirer à ses troupes. S'il tarde de livrer bataille, ce feu s'éteint. Il faut donc compter avec l'inconstance du caractère national. Les fatigues des marches saisissent bientôt les troupes ; les ennuis des campements les dégoûtent. Une fois découragées, elles se méfient de l'habileté de leurs chefs, si même elles ne vont pas jusqu'à les soupçonner de lâcheté. Quand le début de la campagne n'est pas favorable, on va commettant toujours les mêmes fautes qui ont fait perdre une première fois la victoire ; que si les premiers combats sont heureux, le succès enflamme le courage et double les forces par l'espoir de vaincre de nouveau et par la pensée de la supériorité. La politique de la France est donc de faire la guerre avec promptitude, pour ne pas laisser refroidir l'ardeur des soldats qui vaut autant que le nombre des hommes, et de ne pas hésiter à engager des actions périlleuses, pourvu que le général sache soutenir les troupes, lorsque, après le premier choc, elles commencent à éprouver de la résistance.

Le Français aime les hasard des batailles, mais

il ne supporte pas longtemps la vie des camps; accoutumé chez lui à jouir de toutes les commodités de la vie, il regrette vite les douceurs du foyer domestique. La caserne lui est encore plus insupportable que le camp : il s'y énerve et s'y corrompt, car il n'y trouve guère d'autre distraction que le vin ou la débauche. Cependant la France a besoin d'une armée permanente, tant pour maintenir l'ordre au dedans, que pour être prête sur l'heure contre les ennemis du dehors. Il faut donc que le gouvernement prévienne les inconvénients inévitables de la garnison, par les exercices, les travaux, et surtout par l'influence de la religion; pour assurer les intérêts matériels du pays, il doit commencer par prendre les intérêts moraux des soldats; il atteindra son but en faisant de l'armée une école de vertu, où les hommes apprennent la frugalité, la discipline, la soumission à l'autorité, et le dévouement à la patrie.

CHAPITRE III. — **Politique extérieure.**

La France est le soldat de la justice ; son épée doit toujours être prête à défendre les opprimés, non-seulement par un sentiment de générosité et de simple humanité, mais encore par un motif d'intérêt. Si elle laissait s'agrandir un de ses voisins au détriment des plus faibles, bientôt sa propre indépendance serait menacée. Resserrée d'abord étroitement dans ses limites, elle ne tarderait pas d'être amoindrie et ensuite étouffée. Les petits États qui l'entourent comme une ceinture de défense sont ses alliés naturels et doivent vivre tranquilles sous sa protection.

Il en est un entre autres qui attend d'elle le bienfait de sa conservation après en avoir reçu celui de son existence. Le pouvoir temporel du Pape est son œuvre ; son devoir est de la maintenir. Elle ne saurait décliner cette charge, qui lui a été imposée en recevant la grâce de sa vocation au catholicisme, sans qu'elle éprouve aussitôt un amoindrissement de gloire et un ébranlement dans tous ses intérêts.

La France devenue catholique par le baptême de son premier roi, inscrivit en tête de sa constitution, la pratique de la foi chrétienne. Par sa piété, sa foi, sa générosité, son dévouement, elle mérita le beau titre de fille aînée de l'Église ; c'est donc à elle que revient de droit le privilége ou plutôt l'obligation de défendre le Saint-Siége contre ses ennemis. Clovis avait frémi en entendant le récit des souffrances du Christ, et, mettant la main sur la garde de son épée, il s'écria : Que n'étais-je là avec mes Francs ? En récompense d'un si généreux sentiment, le peuple Franc reçut la mission de servir le Christ en la personne de son vicaire.

Pendant quatorze siècles, la France n'avait pas faibli à son devoir ; elle s'était fait un point d'honneur de le remplir avec la fidélité chevaleresque de son caractère. Il est donc évident pour tout catholique et pour tout homme d'État que la grande faute de la France a été d'abandonner le Pape et de favoriser l'unité italienne. C'est une vérité qu'un homme de bon sens ne saurait plus mettre en doute, aujourd'hui surtout, après nos désastres.

La punition de notre faute ne s'est pas fait attendre longtemps : l'unité italienne a donné naissance à l'unité allemande. Les Prussiens ont fondu sur nous, nous ont vaincus et nous ont ravi deux provinces et cinq milliards.

L'Italie payant nos services d'ingratitude, loin de nous secourir, a profité de nos malheurs pour s'emparer de Rome, et consommer ainsi la série de ses spoliations sacriléges.

La main de la Prusse, après avoir amoindri la France, essaye maintenant de l'étouffer, en l'enserrant de tous côtés par ses alliances avec l'Italie, avec l'Espagne, avec l'Angleterre, et par son ingérence manifeste dans les affaires de la Belgique, de la Prusse et de la Hollande.

Par une politique impie, ce n'est pas seulement en Europe que la France perd son prestige, c'est encore dans le reste du monde.

Les catholiques de toute la terre ont sans cesse les yeux tournés vers notre nation qu'ils considèrent comme la protectrice de leur religion. S'ils la voient trahir leurs intérêts en s'écartant de sa politique naturelle, ils peuvent s'attendre aussitôt à devenir la proie de leurs ennemis.

En effet, les autres nations qui, par respect pour la France ou par crainte d'être châtiées, laissaient pleine liberté aux catholiques, se mettent à les persécuter. Ainsi il est à remarquer que la France triomphe et s'élève à proportion de la protection qu'elle accorde à l'Église.

C'est pourquoi, à quelque point de vue que l'on

se place, on est forcé de reconnaître que son devoir est de mettre au premier rang de sa politique le projet de soutenir l'indépendance du pouvoir temporel de la papauté. D'ailleurs, privé de son royaume, le chef du catholicisme ne peut pas remplir librement tous les actes de son ministère spirituel. Or, une nation catholique comme la France se doit à elle-même de s'assurer la liberté de conscience. M. Thiers, dont on ne peut nier l'autorité ni suspecter l'impartialité, tirait la même conclusion d'un discours célèbre sur la politique de l'Empire en Italie.

CHAPITRE IV. — L'Agriculture.

La France est un pays fertile et agricole. Sur une population de 36 millions d'habitants, elle compte 25 millions de travailleurs du sol. Elle vit presque absolument des produits de son agriculture. Voilà pourquoi il a toujours été dans les traditions de sa politique de donner des encouragements à cette branche de la fortune publique.

Les travaux des champs sont assez pénibles par eux-mêmes sans que le gouvernement aille encore les aggraver par le mépris, l'indifférence ou des impôts trop onéreux.

Il faut inspirer au paysan l'amour de ses terres ; il y est toujours plus moral, plus robuste, plus paisible et plus utile que dans les villes. Ce qui fait aujourd'hui une grande partie du mal dont nous souffrons, c'est le nombre considérable d'hommes qui ont abandonné les champs pour l'usine ou l'atelier, dans l'espoir d'un gain plus abondant et d'un travail moins pénible.

Les revenus de l'agriculture sont véritablement beaucoup moindres que ceux de l'industrie ou du commerce. C'est une raison de plus pour la protéger. Je ne puis m'empêcher de citer ici un passage d'un remarquable travail publié dans l'*Univers* par M. Raudot-Challaye.

« On évalue aujourd'hui, dit cet économiste, à 200 milliards environ la totalité de la fortune publique, soit 100 milliards pour les immeubles, et pareille somme environ pour les valeurs mobilières.

« Mais si le capital est égal, les produits sont bien différents. Le revenu immobilier brut peut être évalué à 12 milliards. Mais il faut déduire d'abord, pour les frais annuels ordinaires d'administration et de culture, plus de la moitié, au moins sept douzièmes ; restent cinq douzièmes, sur lesquels il faut encore retrancher deux autres douzièmes, qui représentent les pertes considébles ou presque totales de récoltes par les gelées, les pluies, les sécheresses, les grosses réparations soit aux fonds, soit aux bâtiments, les constructions partielles ou les constructions nouvelles. Il ne reste donc que trois milliards, soit trois pour cent de revenu net pour la propriété évaluée à 100 milliards. Ce revenu est bien plus médiocre, il devient presque nul si le fonds rural est exploité par un colon à moitié prix.

« Combien est différent le sort du capital mobilier ! Fécondé par un mouvement incessant et rapide, il engendre sans cesse de nouveaux profits.

« En ne le portant qu'à vingt pour cent annuellement, c'est plutôt rester au-dessous de la réalité que la dépasser. En évaluant à un quart, chiffre trop élevé, tous les frais divers supportés par les industriels et les commerçants, il reste chaque année un produit net de 15 milliards. Ils obtiennent sans de trop grandes fatigues, et dans des conditions satisfaisantes de vie confortable, ce magnifique produit, tandis que la propriété, l'agriculture ne recueille que 3 milliards au prix des plus rudes travaux, de longues et pénibles journées, en bravant la pluie, le froid excessif, les plus accablantes chaleurs, et toutes les intempéries des saisons. »

CHAPITRE V. — **L'Industrie.**

Cependant, quelque protection que l'on accorde à l'agriculture, ce ne doit pas être au détriment de l'industrie. Elles ont toutes deux besoin de beaucoup de bras ; mais l'agriculture en manque plus facilement que l'industrie, vers laquelle la nature pousse assez, tandis qu'elle éloigne des champs.

Le goût dont les Français sont doués leur donne une grande passion de s'appliquer aux ouvrages d'art. Notre pays a tant d'avantages physiques, que toutes sortes d'industries peuvent y prospérer. Les nombreux cours d'eau qui le sillonnent en tous sens permettent d'y établir une multitude de fabriques. Toute nation est obligée de développer cette branche ; mais la France, plus qu'une autre, parce que son étendue n'est pas en rapport avec le nombre de ses habitants. Beaucoup de familles doivent chercher dans l'industrie les ressources de leur existence.

Il faut aussi considérer que le peuple français étant le plus vaniteux et le plus luxueux de la terre, s'il ne trouve pas dans ses propres fabriques, les plus belles étoffes, les plus riches meubles, les plus fines glaces, les plus purs cristaux, enfin tous les autres objets nécessaires à la parure des femmes, à la toilette des hommes, à l'embellissement des maisons, il ira les chercher dans les autres pays, sans se soucier qu'il les enrichit en appauvrissant le sien. Ainsi il dédaignera les produits de l'industrie nationale, seulement parce qu'ils seront un peu inférieurs à ceux de l'industrie des nations voisines. Au contraire de cela, si l'industrie française n'a point de rivale nulle part, les étrangers même viendront nous apporter le prix de leur luxe.

C'est pourquoi notre nation, supérieure en tout le reste, ne peut négliger la gloire de fabriquer ce qu'il y a de plus beau en tout genre de produits industriels. C'est le rayon que procurent les douceurs de la paix.

CHAPITRE VI. — **Le commerce.**

Mais elle doit d'autant plus protéger l'agriculture et l'industrie, que ce sont les deux sources du commerce, et que, par sa position sur trois mers, elle peut plus facilement se rendre riche et prospère, en développant cette troisième branche de la richesse nationale.

Depuis surtout qu'elle a creusé le canal de Suez, elle touche à toutes les parties du monde ; les Indes Orientales et Occidentales sont pour ainsi dire à ses portes. Les produits de ses usines et de ses champs sont exportés dans tous les pays.

D'ailleurs une troisième partie de sa population n'a d'autres ressources pour vivre que l'exploitation des mers. L'Angleterre, par le seul développement de son commerce, est très-riche sur son rocher stérile. Nous avons sur elle l'avantage d'un sol fécond et une meilleure position au centre du monde.

Il n'y a pas de nation si bien située que la France pour se livrer au commerce. Outre les vins, les huiles, les draps, les soieries, les dentelles, les tapis, les glaces et le reste qu'elle tire de chez elle, les colonies lui fournissent les cotons, les laines, et une grande quantité de denrées. La France a compris l'importance des colonies et l'avantage des associations commerciales ; aussi depuis longtemps elle a fait entrer l'extension des unes, et l'organisation des autres dans les vues de sa politique.

CHAPITRE VII. — **La politique intérieure.**

Mais elle ne pourrait ni s'adonner au commerce, ni s'appliquer à l'industrie, ni cultiver ses champs, si l'ordre ne régnait pas au milieu du peuple, si la justice n'y était pas exactement rendue, si la tranquillité n'y était pas assurée. Le Français, quoique léger et inconstant, est soumis à l'autorité, parce qu'il aime, avant tout, l'ordre et la paix. Le respect pour ses chefs lui est naturel. Les révolutionnaires ne sont que les malfaiteurs, les pillards, les assassins, les gens sans foi, sans loi, sans conscience; ils crient et s'agitent, ils menacent, afin qu'à la faveur de la crainte, de la terreur qu'ils inspirent, ils puissent plus facilement accomplir leurs projets pervers, et que leurs crimes demeurent impunis au milieu du désordre et des troubles qu'ils entretiennent.

Les Français sont, par nature, justes, loyaux et honnêtes : aussi la majorité, tant dans les villes que dans les campagnes, est paisible, et ne demande que la tranquillité. C'est par amour de cette tranquillité que le peuple a toujours voté en masse pour le gouvernement établi, qu'il s'appelât empire ou royauté. Il soutiendrait pareillement la République, si la République n'était pas pour lui la personnification du désordre et de la licence.

Pour que le pays demeure calme, il n'est pas nécessaire que le chef se montre sévère; il suffit qu'il envoie dans les provinces des administrateurs honnêtes et amis de la justice. Leur seule présence contient les méchants en rassurant les bons. Le peuple français s'incline volontiers sous l'autorité des hommes dont il admire les connaissances administratives et les vertueuses qualités. Tout dépositaire de l'autorité qui s'avilit avilit en même temps l'autorité. Depuis longtemps nous serions sortis de la période des révolutions, si les hommes à qui l'autorité avait été confiée s'étaient montrés plus honnêtes. Pour eux les charges engendraient moins des devoirs qu'elles ne procuraient des revenus et des plaisirs. Or, comment veut-on que les ouvriers, que les ambitieux se contiennent dans la modération quand ils peuvent dire avec quelque apparence de raison, que les grands ne font que s'engraisser de la sueur du peuple ? Il faut donc que la France suive la politique de l'honnêteté ; il faut que les chefs donnent les premiers exemples de cette vertu ; et pour cela qu'ils pratiquent les préceptes de la religion qui leur inspirera, non une honnêteté factice et nominale, mais une honnêteté réelle et réellement véritable et vraiment solide et solidement vigoureuse. Le peuple suivra leur exemple, et en quelques années la France sera redevenue une nation forte, puissante, digne d'elle-même et de ses sublimes destinées.

Qu'on place partout dans les tribunaux des magistrats intègres, ennemis de toute injustice, prudents dans leurs jugements, mais sévères envers les coupables ; quand les crimes seront recherchés avec soin et punis avec vigueur, l'audace des méchants s'évanouira sous l'empire de la crainte ou tombera sous la honte de la flétrissure.

La France s'est toujours honorée des vertus illustres de ses magistrats ; mais la magistrature a subi une éclipse dans nos révolutions ; il faut reconnaître pourtant que le mal, quoique déjà grave, n'est pas général. Et que si nos tribunaux ont besoin de réforme, ils ont été les premiers à gémir du déshonneur que des dictateurs révolutionnaires ont cherché à lui infliger.

Enfin la France a tenu en tout temps à multiplier les foyers de vie par les libertés municipales et provinciales.

CHAPITRE VIII. — **Des belles-lettres et des beaux-arts.**

Mais qu'une fois le beau moral règne dans les âmes, en même temps que l'ordre dans la nation, le beau idéal fleurira bientôt dans les esprits. Les belles-lettres et les beaux-arts ont toujours été l'efflorescence des époques de foi ou de paix.

La Restauration produisit de grands écrivains et d'habiles artistes, parce que la religion pénétrait de nouveau dans les âmes avec les douceurs de la paix.

Dans le siècle de Louis XIV, c'est la foi qui a inspiré les plus beaux chefs-d'œuvre ; les autres ouvrages du second ordre sont dus au mouvement de grandeur qui avait élevé les intelligences bien au-dessus du niveau ordinaire. La tranquillité dont jouissait la France à l'intérieur, malgré les combats qui se livraient sur les frontières, permettait aux savants de s'adonner tout entiers à leurs profondes études.

Sous Auguste, l'empire romain était en paix et la religion en honneur. Il n'y avait que les philosophes qui osassent se moquer en leur esprit des superstitions de leurs prêtres et des fables de leurs dieux. Mais le peuple fréquentait les temples ; il prenait un pieux plaisir à voir les jeunes gens et les jeunes filles chanter en chœur les hymnes sacrés composés par les plus grands poëtes de Rome pour l'embellissement des fêtes religieuses.

Sous Périclès, la paix, l'ordre et la vertu régnaient à Athènes. Aussi, jamais la Grèce ne fut plus brillante ni plus prospère ; c'est alors qu'elle vit fleurir ces sublimes génies dont les œuvres l'ont peut-être plus immortalisée que ses plus fameuses victoires

A toutes les époques de calme, la France s'est distinguée par la gloire de l'esprit, l'éclat de la poésie, la puissance de l'éloquence, la profondeur de la doctrine, le riche épanouissement des arts libéraux. Les savants y étaient honorés, pensionnés et attirés.

On peut dire que le monopole de l'instruction passa de Rome en France et qu'il n'en était plus sorti jusqu'à notre Révolution ; mais aussi le palais de nos rois, les châteaux de nos seigneurs, les murs de nos villes, les maisons de nos prêtres, les cloîtres de nos moines étaient autant d'asiles ouverts à la science, autant de foyers d'où les lumières se répandaient dans tout le pays et presque aux extrémités du monde.

Les plus grands hommes, les plus grands rois n'auraient pas cru leurs noms immortels s'ils n'avaient fondé une école ou créé une Université. C'est pourquoi la France était devenue l'institutrice de l'Europe. Les étrangers venaient y apprendre non-seulement cette urbanité parfaite, cette politesse exquise, cette douceur de manière, cette élégance de forme, cette délicatesse de ton et de langage, cette finesse de pensée, cet agrément enfin de la société qu'on peut appeler la fleur de la civilisation ; mais ils venaient encore y puiser les principes de toutes les sciences et de tous les arts qui soutiennent l'industrie et forment le vaste ensemble des professions libérales.

La France se doit donc à elle-même de conserver cette supériorité intellectuelle qu'elle possède sur toutes les autres nations, et cette espèce d'empire de l'esprit qu'elle exerce avec tant de facilité et de bonheur. D'ailleurs, après les bonnes mœurs, l'instruction est le moyen le plus efficace pour rendre une nation forte et prospère.

CHAPITRE IX. — **Des associations ouvrières.**

Il a toujours été dans les traditions de la France de favoriser les associations ouvrières. Les ouvriers représentent une face nationale; ils ont des intérêts réels et précieux à sauvegarder contre les empiétements des patrons que l'amour du lucre pousse à l'avarice et à l'exploitation de la misère. Il faut donc leur laisser la liberté de s'associer et de se donner des chefs contre ceux qui, au lieu de se montrer leurs pères, arrivent souvent à être leurs tyrans.

Puisqu'ils ont aussi une part considérable aux charges de l'État, ils méritent par conséquent d'avoir aussi une part à ses avantages. Mais afin qu'ils soient vraiment une force et non une cause de faiblesse, il faut que leurs droits politiques soient réglés par les lois et qu'ils ne dépassent pas les bornes de leurs besoins et de leurs intérêts. Autrefois le prévôt des marchands de Paris disposait d'une puissance avec laquelle les rois durent compter; et dans toutes les autres villes de France, les corporations ouvrières possédaient une force considérable.

Mais l'ouvrier, plus remuant que les autres citoyens, a plus besoin que personne d'entendre la voix de la religion qui lui apprenne la résignation dans les peines, l'amour du travail, la docilité aux lois, le respect du bien d'autrui, comme aussi les règles de la morale, tant envers lui-même qu'envers la société. Il n'y aurait rien de plus docile que l'ouvrier, si on lui donnait la liberté d'association, et qu'il sentît que ses intérêts sont étudiés et défendus ; si on faisait de lui un être moral qui comprît la nécessité de réprimer ses passions, et de mettre un frein aux convoitises désordonnées; enfin qui connût et respectât la dignité de l'homme, par la connaissance de ses destinées futures. On verrait alors un peuple plein d'ardeur, laborieux, soumis, heureux, au lieu de cette multitude toujours prête à prendre les armes pour s'entre-déchirer et désoler la patrie.

———

LIVRE DEUXIÈME

LA POLITIQUE NATURELLE DE LA RÉPUBLIQUE

CHAPITRE PREMIER. — **Une distinction.**

Quelques esprits généreux qui réfléchis, frappés sans doute de la gloire que se sont acquises plusieurs nations anciennes constituées en République, rêvent pour la France une semblable forme de gouvernement. Aussi pleins des souvenirs de l'antiquité, mais ignorants des traditions et des mœurs nationales, et peu instruits des vraies causes de notre grandeur, ils s'imaginent que leur patrie ne pourra redevenir glorieuse qu'en devenant républicaine. Ils sont tellement épris de cette idée, qu'ils ne soupçonnent même pas que l'abaissement de la France date précisément du jour où elle a commencé à professer les doctrines républicaines si contraires à son tempérament.

Mais avant de nous engager à démontrer cette vérité, il y a plusieurs choses qu'il est nécessaire de bien distinguer, car, c'est pour avoir laissé trop souvent dans le vague les thèses qu'on soutient, que les meilleures paraissent mauvaises, et que les plus mauvaises paraissent bonnes à la plupart des gens inhabiles à pénétrer la pensée d'un auteur et à découvrir ses faux principes. Nous ne voulons pas ici faire de sophismes : c'est une étude sérieuse que nous entreprenons, et que nous offrons aux esprits sincères qui cherchent de bonne foi à se convaincre. Personne n'a le droit de propager des erreurs, dans le dessein de tromper ses semblables. Je n'aurai garde de me l'attribuer: toute conscience honnête répugne à l'emploi de semblables moyens, pour surprendre des convictions. D'ailleurs un accord obtenu par surprise ne tiendrait pas; il n'y a que la vérité qui convertisse les hommes.

Je ne dirai d'abord rien du danger de ravir à une nation sa forme traditionnelle. Vouloir lui en imposer une autre de vive force, c'est la guerre civile qu'on allume de gaîté de cœur. Car il est bien difficile de concevoir tout un peuple abjurant son gouvernement et en adoptant un autre à l'unanimité. Rome même est loin d'avoir donné ce spectacle. Tous ceux qui ont étudié sérieusement l'histoire romaine savent que les rois étaient électifs, et que le peuple, même sous la royauté, décidait de la paix ou de la guerre, et jugeait en dernier ressort des crimes et des lois. L'abolition de la royauté ne changea donc pas la forme du gouvernement qui était réellement républicaine avant que la République fût proclamée. Les deux consuls remplirent les fonctions des rois dont le nom demeura odieux comme le crime qui les fit chasser. Sous ce changement de noms et de personnes, les choses restèrent ce qu'elles étaient auparavant. C'est un peu plus tard que s'introduisit chez le peuple le vice de l'ambition, qui alla toujours empirant, jusqu'au moment où il entraîna la ruine de la République.

Quoique la nouvelle forme de gouvernement ne changeât rien au fond de la constitution, cependant la royauté laissa des regrets à Rome : les Tarquins recrutèrent leurs partisans dans les plus nobles familles, et jusque dans la maison du consul lui-même. Il fallut que Brutus, abjurant tous les sentiments de la nature, et s'armant d'une rigueur impitoyable, fit abattre sous ses yeux la tête de ses fils et des autres jeunes gens, malgré les murmures contenus des Romains, qu'indignaient cet acte de cruauté et de barbarie, pour ôter à tout jamais de l'esprit des citoyens la pensée de rétablir les rois.

CHAPITRE II. — **Les démagogues.**

Une nation monarchique qu'on veut transformer en républicaine, même sans en bouleverser les institutions, doit nécessairement passer par cette terrible épreuve. Les républicains français l'ont fait subir à leur patrie. Des milliers de têtes sont tombées sous la hache révolutionnaire; mais ces exécutions sanglantes n'ont pas eu en France les mêmes effets qu'elle eurent à Rome, tant la royauté y est naturelle. La France se serait plutôt laissée exterminer que d'abandonner sa foi monarchique; les noyades de Nantes, les mitraillades de Lyon, les massacres de Paris, la guillotine dans toutes les villes du royaume, nous sont le meilleur témoignage du sentiment national, si nous devons encore croire des martyrs qui se font égorger. Mais ce régime de terreur, bien loin de rendre odieuse la royauté en haine de laquelle on l'exerçait, la faisait regretter davantage par la comparaison de sa douceur paternelle envers le peuple, et en proportion de la haine que la République amassait contre elle. Quand on ne l'aurait pas aimée par affection, de tels actes l'auraient fait aimer par compassion. C'est pourquoi rien n'est plus dangereux que la violence : elle réagit infailliblement contre ceux qui l'exercent, pour les détruire eux et leurs œuvres. Je comprends qu'un conquérant, impatient de s'assurer la paisible possession d'une province dont il s'est emparé, soit par ambition, soit par droit, fasse mourir sans pitié les chefs des rebelles ; mais que de simples citoyens, par la cupidité du pouvoir et des richesses, renversent la constitution d'un Etat, et forcent la nation à préférer un régime qu'elle déteste, à celui qu'elle aime ; et que de tels séditieux traitent de rebelles et massacrent les partisans de l'ancien régime, seulement par ce qu'ils les soupçonnent de l'aimer, c'est là, pour moi, l'idéal de la barbarie.

C'est le moyen machiavélique de se tenir ferme au pouvoir usurpé ; mais Machiavel ne se gêne pas pour le qualifier de tyrannique. Cet écrivain ajoute que ceux qui sont généralement haïs ne peuvent jamais demeurer en sûreté ; et que plus ils mettent la cruauté en usage, plus ils affaiblissent leur autorité.

Enfin, que peut-on imaginer de plus odieux

qu'une poignée d'ambitieux scélérats renversant un pouvoir aimé et tuant des milliers d'hommes illustres et vertueux, non parce qu'ils défendent leurs opinions les armes à la main, mais parce qu'ils sont suspects de les avoir au fond de leur âme? Eh quoi! pourraient dire les victimes à leurs bourreaux, puisque c'est la liberté que vous venez de nous donner, la première chose que vous devez faire, c'est de nous laisser jouir de la vie et de notre fortune. Que vous importe ce que nous pensons dans le secret de nos cœurs, pourvu que nous ne prenions pas les armes contre vous, encore que notre devoir serait de nous opposer par les armes aux entreprises des usurpateurs?

Tous les citoyens qui sont restés hommes et ne sont pas devenus animaux féroces, avoueront sous peine qu'une telle République est impossible dans aucun pays. On ne peut pas regarder comme un gouvernement, celui qui commence par l'extermination des plus nobles sujets, l'abolition de toute religion, le pillage des fortunes publiques et privées, la condamnation juridique des meilleurs citoyens, la ruine du commerce et de l'industrie, le partage des terres, le massacre des prêtres, des religieuses, des savants, des poëtes, des juges, de tous ceux enfin qui portent un titre de noblesse, ou qui s'élèvent au-dessus des autres par quelque talent.

L'anarchie n'est tolérable nulle part, excepté peut-être chez les cannibales où tous sont agresseurs, où la victime qui est mangée ne subit que ce qu'elle voulait faire subir elle-même au bourreau qui la mange. Là, du moins, on lutte avec des armes pareilles. Partout ailleurs le plus grand nombre de citoyens, semblables à des agneaux inoffensifs, deviennent la proie des loups et des tigres. Quoi de plus horrible que ce spectacle ! Il a été réservé à notre siècle de lumières de le voir ! Ah ! que je préfère les ténèbres du moyen âge avec sa foi, le règne absolu des Bourbons avec son ordre et son éclat !

Ce parti démagogique dont il faut constater l'existence, quelque honte qu'on en éprouve pour l'humanité, s'appelle dans son langage le parti des hommes d'action : oui, ils ont, en effet, l'activité des voleurs, des incendiaires, et des assassins. Napoléon disait, en parlant de telles gens : « On ne les raisonne pas, on ne les gouverne pas, on les mitraille. » Parole digne d'un despote ! Pour moi, je dis que sous un bon gouvernement, on se contente de les museler : les bêtes féroces en cage sont inoffensives.

CHAPITRE III. — **Les affamés.**

Il faut donc mettre de côté la République de Vermesch ; mais il faut mettre aussi de côté la République des affamés. Ces gens-là ne courent aux emplois que pour satisfaire des appétits et des convoitises. Arrivés au pouvoir, ils suivent une politique de fous furieux ; ils laissent les préfectures, les justices de paix à ceux qui ont été les plus prompts à s'en emparer, sans examiner ni leurs mérites, ni leurs talents; ils destituent des magistrats honorables pour les remplacer par des avocats sans cause, quelquefois sans mœurs; de sorte que les parquets se composent de procureurs et de substituts qui comptent plus d'amis parmi les malfaiteurs que parmi les honnêtes gens.

Sous une telle République les finances ne sont pas mieux administrées que la justice. C'est à qui puisera à plus larges mains dans le Trésor public; c'est à qui donnera et acceptera les marchés les plus scandaleux.

Tous les conseils nommés quelques mois auparavant par le libre suffrage du peuple sont dissous et remplacés par des commissions où figurent en première ligne les citoyens que le peuple avait par ses votes constamment écartés des fonctions publiques. En un moment toute la société est bouleversée.

La religion est persécutée; la morale publiquement offensée et dans les chansons, et dans les journaux, et dans les brochures et dans les images, et surtout dans les théâtres et les clubs.

Le commerce sans confiance s'arrête, l'argent se cache, l'industrie chôme. Il ne reste aux ouvriers sans travail d'autres ressources que l'émeute, que les cris: Du pain ou la mort! Bien loin de les calmer ou de prévenir leurs séditions, on dirait qu'ils prennent plaisir à les fomenter; car quel autre but peut-on raisonnablement assigner à leur empressement pour fournir des armes à tous les hommes sans distinction, et à leur manie d'organiser toute la populace sous le nom de garde nationale? Mais tous ces ouvriers, qu'ont ils tant à garder, grand Dieu? et contre qui? Voilà donc la foule organisée pour l'insurrection.

Cependant, l'étranger se tient à distance, refuse toute alliance; les cours n'admettent pas même auprès d'elle des représentants d'une nation en délire, et la France demeure dans l'isolement de la mort. Les affamés n'oublieront rien pour mettre le comble à leur folle politique, et à la ruine du pays.

La guerre poussée à toute outrance, par un orgueil insensé, et par une aveugle superstition, dans l'étoile de la République ; l'armée lancée sur les champs de bataille sans ordre, sans vivres, sans armes, sans vêtements ; des levées en masse sans dictinction d'hommes valides ou invalides, entassées dans les camps pour y mourir de faim et de froid ; des civils improvisés généraux ; les grades inférieurs conférés avec une désolante partialité ; les vieux généraux accusés de trahison ou d'incapacité, pour le moindre échec ; et malgré leurs victoires passées, et les preuves de leurs talents, destitués avec une légèreté qui n'a d'égale que l'ineptie pour donner leur commandement à des créatures ; avec cela des plans de campagne imposés ; des commissaires envoyés pour surveiller tous les mouvements ; après des défaites sanglantes et inévitables, un traité de paix aussi désastreux qu'une bataille perdue, par l'inconsidération avec laquelle il est signé de la main de ces diplomates improvisés ; des provinces entières, des villes imprenables ravies; des milliards dépensés follement pour n'avoir pas su s'arrêter à temps, ni voulu céder d'abord un pouce de territoire, une pierre des forteresses, voilà un pâle tableau des malheurs que les affamés attirent par la guerre sur leur pauvre patrie.

Cette esquisse rapide de leur conduite doit suffire pour montrer à tous les esprits libres de préjugés comment ces gens-là comprennent la politique de la France.

J'avoue cependant que ces républicains ne veulent ni le pillage, ni l'assassinat, ni le bouleversement des institutions. Mais l'arbitraire leur tient lieu de droit, et les lois se plient facilement à leurs caprices. Leur intérêt personnel passe toujours avant celui du pays, qui n'est à leurs yeux qu'au second plan, car ils crient volontiers : Périsse la France plutôt que la République, c'est-à-dire que leur fortune et que leur dictature!

CHAPITRE IV. — **Les républicains honnêtes.**

Il est donc reconnu que les principes des démagogues et des affamés sont funestes à la France. Aussi tous les républicains honnêtes les renient; et je suis obligé, pour tenir ma promesse, d'impartialité, de ne pas faire rejaillir sur eux les honteux excès où les autres se sont portés. Il me suffit, pour montrer les vices de la République honnête, et combien la politique de cette forme de gouvernement est contraire à la politique naturelle de la France, de m'appuyer sur ses propres principes.

Quels sont donc les principes de la République honnête? ce sont la souveraineté du peuple et le suffrage universel. Or, il n'y a pas de principes plus erronés, et qui mènent à des conséquences plus terribles pour la société.

CHAPITRE V. — **La souveraineté du peuple.**

Les publicistes les plus éminents ont multiplié les raisons pour montrer la fausseté du principe de la souveraineté du peuple. Pour moi, je n'en veux point d'autre que celle-ci : c'est qu'il mène directement, à l'anarchie.

Puisque chaque individu est souverain, chaque individu peut garder son indépendance : la conséquence est logique. Dès lors, il y aura autant de gouvernements que de têtes, autant de rois que de citoyens, mais point de sujets. Quelle société que celle où chacun refuse l'obéissance par cette raison bien simple qu'étant roi, il n'est soumis à personne. C'est l'histoire des membres du corps qui se mettent dans l'esprit de faire grève, et de ne plus servir. Les membres ont tort, parce qu'étant membres, ils sont soumis à la tête, à la quelle seule ils doivent obéir, comme c'est à elle seule de commander. Mais qui prouvera que les citoyens ont tort, puisque par la souveraineté du peuple ils sont tous têtes et par conséquent maîtres?

Or, selon le raisonnement de Bossuet, ou

où tout le monde est maître, tout le monde est esclave, par cette raison que là où tout le monde veut faire ce qu'il veut, nul ne fait ce qu'il veut; mais quand chacun sait ce qu'il veut et n'a pour règle que ses désirs, tout va en confusion, et l'on tombe dans l'anarchie par une pente inévitable et irrésistible.

Dans cette liberté farouche et sauvage, chacun peut tout prétendre et en même temps tout contester; tous sont en garde, et par conséquent en guerre continuelle contre tous. La raison ne peut rien, parce que chacun appelle raison la passion qui le transporte; le droit même de la nature demeure sans force, puisque la raison n'en a point; par conséquent il n'y a ni propriété, ni domaine, ni bien, ni repos assuré, ni, à vrai dire, aucun droit, si ce n'est celui du plus fort; encore ne sait-on jamais qui l'est, puisque chacun tour à tour peut le devenir, selon que les passions feront conjurer ensemble plus ou moins de monde.

Les républicains honnêtes ont beau rejeter cette conséquence, la logique domine la volonté humaine. Leurs superbes mouvements d'indignation ne prouvent rien autre chose, si ce n'est que leur cœur est plus droit que leur raison, de sorte que, quand les démagogues secouent le joug des présidents de la République, ils ne font que tirer la consequence des principes que leur prêchent les républicains honnêtes.

CHAPITRE VI. — **Le suffrage universel.**

Le suffrage universel est corollaire de la souveraineté du peuple. Puisque chaque citoyen est maître, chaque citoyen a le droit de conserver sa liberté, ou de choisir celui entre les mains duquel il veut l'abdiquer. Vous ne pouvez pas donner ce droit à quelques-uns et le refuser aux autres, avoir vos citoyens libres et vos ilotes. Le suffrage restreint par le cens aux seuls riches à l'exclusion des paysans et des ouvriers est une injustice et une inconséquence. Mais une fois le suffrage universel admis, à quelle conclusion n'allons nous pas forcément aboutir ?

Le principe de la souveraineté du peuple ne résiste pas à la force de la raison, ni par conséquent le suffrage universel, qui n'est que le moyen d'exercer cette souveraineté. En effet, quoi de plus absurde que de mettre le pouvoir entre les mains d'une multitude ignorante, passionnée, capricieuse, se laissant emporter à tout vent de doctrines, favorisant tantôt les conservateurs, tantôt les radicaux ? Quoi de plus inepte que de donner autant de force au vote d'un jeune homme de vingt ans qu'à celui d'un vieillard expérimenté? Quoi de plus ridicule que de recevoir comme étant au même titre et du même poids le bulletin d'un sot et celui d'un génie ? Quoi enfin de plus injuste que de ne pas faire plus de cas de la voix d'un mendiant, d'un idiot, d'un simple ouvrier, d'un pauvre fermier, que de celui d'un gros négociant, d'un riche propriétaire, d'un profond politique?

Ainsi, dans le système du suffrage universel, le nombre absorbe la qualité, la folie gouverne la raison, la passion domine la sagesse, la science, le bon sens, le génie. Il est inutile d'insister sur cette vérité : il y n'a que les aveugles ou ceux qui ferment volontairement les yeux à la lumière qui ne la voient pas.

CHAPITRE VII. — **L'Ambition.**

Cependant, je suppose que la République parvienne enfin à se rendre maîtresse du pays : voilà aussitôt les compétitions qui se produisent pour obtenir les premiers emplois; voilà les brigues pour capter les suffrages, voilà la corruption du peuple par l'argent comme moyen de gouverner, de là les guerres civiles, de là l'anarchie; de là l'Empire et le despotisme.

Un César, appuyé sur la faveur du peuple qu'il achète par ses libéralités, aspire à la royauté. Il faut qu'un Brutus l'assassine pour conserver au peuple la liberté dont il ne veut plus.

Un Octave prend en main la vengeance du peuple outragé en la personne de son favori, et le peuple croit avoir triomphé parce que celui qui le flattait et qu'il soutenait est parvenu à ruiner la puissance des grands et des sénateurs, et à s'asseoir sur le trône. Il n'a fait que se donner un maître qui se servait de sa passion pour arriver à bout de ses desseins intéressés.

Napoléon I, après le coup d'État du 18 brumaire, se fait élire empereur; Napoléon III, après le coup d'État du 2 décembre, arrache le même titre au peuple effrayé.

Mais ce qui est plus triste que l'Empire, c'est la ruine.

Quand quelque ambitieux, payant d'audace et d'habileté, ne s'empare pas du pouvoir souverain, l'étranger, à la faveur des divisions des partis, ne tarde pas à subjuger le pays et à le réduire en servitude. Quels maux les divisions ne causèrent-elles pas à la Grèce, à la Gaule, à la Pologne, à l'Espagne!

La Grèce tomba d'abord entre les mains de Philippe, roi de Macédoine; plus tard elle passa, avec la Macédoine elle-même, entre celles des Romains. Les Gaulois divisés aidèrent eux-mêmes Jules César à les vaincre et à les soumettre pour jamais à la domination de Rome. Les divisions interminables de la Pologne firent naître l'idée à l'Autriche, à la Russie et à la Prusse de se partager entre elles cette malheureuse nation. Enfin, de nos jours quel spectacle nous donne l'Espagne: une faction qni appelle sur le trône un roi étranger; le roi légitime qui se voit contraint de tirer l'épée pour se mettre en possession de sa couronne; la guerre civile allumée dans toutes les provinces entre les partisans de Charles VII et d'Amédée Ier. Et si les choses continuent d'aller mal pour Amédée, l'Espagne pourrait bien avoir la doulenr et la honte de subir une intervention de l'Italie et de la Prusse dans ses propres affaires.

CHAPITRE VIII. — **L'Ostracisme.**

Outre les divisions qui proviennent des compétitions de pouvoir entre les partis, il y a encore les divisions que la jalousie engendre entre les citoyens qui ne peuvent obtenir la faveur du peuple, faute de talents ou d'occasions de s'illustrer, ou qui par la hauteur sont venus à la perdre, et ceux dont le génie, la fortune, la flatterie ou les belles actions ont immobilisé sur leurs noms les suffrages de leurs concitoyens. De ces jalousies naissent les accusations qui envoient les meilleures têtes en prison, en exil, ou à l'échafaud.

L'ostracisme est dans la nature du régime républicain. Les plus grands publicistes, anciens et modernes, en font l'aveu sincère, et en donnent des raisons solides. A Rome, enseigne Montesquieu, il était permis à un citoyen d'en accuser un autre ; cela était établi selon l'esprit de la République, où chaque citoyen doit avoir pour le bien public un zèle sans bornes, où chaque citoyen est censé tenir tous les droits de la patrie dans ses mains. Les Camille, les Coriolan, les Scipion, les Cicéron, subirent la rigueur de cette loi. Mais c'est surtout dans les cités de la Grèce que cette pratique brilla de tout son sinistre éclat. Là, pas un grand homme, qui ne dût être victime de la peur que ses concitoyens avaient de la tyrannie ou de la jalousie de ses adversaires politiques. Quand un citoyen avait exercé les commandements et les magistratures, on ne croyait plus qu'il pouvait vivre en simple particulier. C'est pourquoi, selon la profonde remarque de Cornelius Nepos, le peuple, considérant l'influence et l'autorité que les vertus et la gloire, et le nom et les talents, ont sur la foule et sur l'esprit de l'homme pour les pousser l'un à subjuguer et l'autre à se laisser subjuguer, préférait punir un innocent que de vivre dans la crainte. *Hæc populus respiciens, maluit eum innoxium plecti quam se diutius esse in timore.*

Les délateurs ne manquèrent pas non plus dans la République française. C'est ainsi que les plus grands hommes et les plus fameux révolutionnaires portèrent leurs têtes sur l'échafaud.

Machiavel, dans ses discours politiques sur les *Décades* de Tite-Live, a écrit un long discours pour montrer combien la faculté de former des accusations est nécessaire dans une République pour y maintenir la liberté. Cet écrivain enseigne qu'un tel ordre de choses produit deux effets très-utiles. Le premier, que les citoyens appréhendant d'être accusés, n'entreprennent pas aisément contre le repos public ; et s'ils trament une trahison, c'est-à-dire une usurpation de pouvoir, ils sont incontinent opprimés sans aucun égard pour leurs talents ou leurs services passés. L'autre avantage de la faculté d'accuser, c'est qu'on donne par là une issue aux humeurs qui se forment constamment dans une ville, et à la colère du peuple un moyen de s'exhaler contre quelque citoyen que ce soit ; car autrement, ces humeurs se concentrant d'abord, puis venant à éclater, elles font recourir le peuple à des voies extraordinaires et tumultueuses qui perdent les Etats.

Or, dans une république, il est impossible que le souverain pouvoir, que chaque citoyen illustre voit poindre devant ses yeux comme un fruit défendu, n'allèche pas tôt ou tard la cupidité de quelqu'un. Cela doit arriver surtout dans un pays qui a les traditions monarchiques comme la France. Napoléon ne tarda pas à réaliser les projets éventés de Dumouriez.

Ainsi, les choses sont tellement disposées dans une République, qu'il y a toujours lieu de craindre quelque entreprise coupable contre la liberté, et les plus illustres citoyens appréhendent continuellement d'être accusés de conspiration par un peuple soupçonneux. Quelle plus triste condition que celle d'un Etat, où ni les petits ni les grands ne peuvent dormir tranquilles, craignant toujours de se réveiller l'un en prison, l'autre en servitude.

Cependant, la République ne saurait se passer de cette faculté d'accuser sans s'exposer à la mort. Il lui faut cette soupape de sûreté qui permette d'exhaler les mauvaises humeurs du peuple. Mais, d'autre part, voilà le caprice érigé en loi. Car, quoi de plus capricieux que les soupçons d'un peuple mécontent? Il n'y a que le moyen de l'accusation, c'est-à-dire, le plus souvent celui de l'injustice, comme le prouve l'histoire de tous les temps, pour éviter les séditions qui perdent les Etats. Mais alors, nous arrivons à cette conséquence terrible que la République ne peut se conserver que par la perte des citoyens qui ont le plus travaillé à sa gloire et à sa conservation. De sorte, conclut Machiavel lui-même, qu'il n'y a rien qui contribue davantage à l'affermissement et à la durée d'une république que d'y établir par des lois un moyen de faire évanouir et dissiper les humeurs continuelles qui l'agitent.

Le même auteur, pour prouver encore mieux la nécessité de cette politique, fait observer que la République de Florence faillit périr pour n'avoir point eu de lois qui donnassent lieu au peuple de satisfaire son ressentiment et ses soupçons contre les particuliers par les voies de la justice. « Les Florentins, écrit cet historien, soupçonnant François Valori d'ambition, et le croyant homme assez hardi pour pouvoir s'élever au-dessus de la condition où doit être un républicain, et d'autre part, n'ayant pas de lois pour le juger, furent contraints de recourir aux armes. »

Ainsi, la République honnête se trouve nécessairement placée dans la cruelle alternative ou d'établir des lois pour donner au peuple le droit d'accuser les citoyens qu'il soupçonne d'ambition et de trahison, et, par conséquent, d'être livrée aux passions aveugles de la foule, ou de prendre les armes, et par conséquent de faire périr dans la guerre civile un grand nombre de citoyens des plus vertueux, pour perdre un homme soupçonné d'aspirer au souverain pouvoir. Ces deux situations sont également odieuses et insupportables au peuple français, et pour en sortir ou les éviter, il adoptera toute espèce de monarchie, qu'elle s'appelle Napoléon I, Louis-Philippe I, Napoléon III.

CHAPITRE IX. — **Les accusations.**

Mais s'il existe des lois qui permettent au peuple de citer devant le tribunal les citoyens qu'il soupçonne de conspirer contre la liberté, ou d'avoir trahi la République sur les champs de bataille, il est presque impossible qu'il ne commette pas des actes d'injustice, soit envers l'accusé, soit envers l'accusateur. On ne doit pas oublier ici que le peuple lui-même est juge de ces sortes d'affaires. C'est à lui de prononcer la culpabilité ou l'innocence de l'accusé.

Manlius Capitolinus, le plus populaire des patriciens, par jalousie, accusa Camille, le vainqueur des Gaulois, de s'élever tellement, que les autres magistrats créés sous les mêmes auspices que lui, il ne les traitait plus comme des collègues, mais comme des serviteurs. Fort de la faveur du peuple, il se permet aussi d'incriminer les sénateurs d'avoir caché les trésors ravis aux Gaulois, sans prendre garde si ces accusations sont vraies ou fausses. Jeté une première fois en prison, il est délivré par le peuple. Cependant, les sénateurs offensés, ayant résolu de le perdre, l'accusent d'aspirer à la royauté, et le font jeter une seconde fois en prison par les tribuns. Mais Manlius plaide si éloquemment sa cause devant le peuple, il l'émeut tellement en lui découvrant sa poitrine couverte des blessures reçues dans différentes guerres, et en lui montrant de la main le Capitole qu'il a sauvé, que les tribuns, craignant qu'il ne soit absous, renvoient le jugement. Ils font comparaître alors l'accusé dans un endroit d'où la vue ne puisse pas se porter sur le Capitole ; et le peuple ne voyant plus en Capitolinus le sauveur de la patrie, mais un conspirateur contre la liberté publique, le condamne en haine de la royauté, malgré son innocence, à être précipité de la roche Tarpéienne. Tite-Live ne peut s'empêcher de remarquer que ce jugement parut triste aux cœurs les plus endurcis, aux esprits les plus obstinés, et qu'il fut odieux aux juges mêmes. *Obstinatis animis triste judicium, invisumque etiam judicibus factum*. Dans ce jugement, apparaissent clairement et la légèreté et l'injustice du peuple et la jalousie des grands et leurs fourberies pour perdre leurs adversaires, et la crédulité de la foule et son inconstance à se former des idoles et à les briser. Et pourtant Capitolinus avait affaire avec le peuple le plus grave et le plus juste du monde. A quoi ne doit-on pas s'attendre avec le peuple français, qui est le plus spirituel, si vous voulez, mais en même temps le plus léger, le plus inconstant de toute la terre? Il a donné des preuves de sa justice en plusieurs rencontres, dont l'histoire ne perdra pas le souvenir. En France, dans ces derniers temps, on a vu se produire l'esprit de la République. Tout le monde a vu la mise en accusation de M. Guizot par M. Odilon Barrot; plus tard de

M. Odilon Barrot par M. Ledru-Rollin. Après l'expédition de Rome, ordonnée par Napoléon III, président de la République, Ledru-Rollin porta contre lui un acte d'accusation pour avoir entrepris une expédition contre la République romaine, proclamée par Mazzini et Garibaldi, et pour avoir violé la constitution qui décrète le respect des nationalités étrangères. L'expédition de Rome était un acte de politique nationale. La Chambre et l'opinion se prononcèrent pour le prince contre Ledru-Rollin. Celui-ci eut recours à la révolte ; il fallut que l'énergique général Changarnier réprimât cette ridicule, mais dangereuse sédition.

CHAPITRE X. — **De l'ostracisme contre les généraux.**

Cependant, cette politique des républicains contre les administrateurs n'est pas encore aussi odieuse, ni aussi nuisible au pays que celle vis-à-vis des généraux. D'après les traditions des gouvernements démocratiques, les généraux ne doivent revenir du champ de bataille que morts ou victorieux. S'ils ne remportent pas la victoire, ils sont condamnés et punis. A Carthage, on les mettait en croix ; à Athènes et à Lacédémone, on les jetait en prison ou on les envoyait en exil ; à Paris, pendant la première République, on les fusillait ou on les guillotinait ; à Tours et à Bordeaux, pendant la troisième République, on les dénonçait à toute la France comme traîtres et incapables ; on exécutait l'honneur, plus précieux au cœur français que la vie. Je ne veux pas m'étendre sur l'odieux d'une pareille politique; je me suis prescrit de rester dans les bornes d'une étude philosophique plutôt que morale.

A Rome pourtant, les généraux vaincus n'étaient jamais punis; quelquefois même, ils étaient reçus par le Sénat, avec autant d'honneur après la défaite, qu'ils l'auraient été après la victoire; témoin Varus, le vaincu de Cannes. La République romaine devait cette douceur à ses traditions royales et aussi à la sagesse qui présidait dans les assemblées du Sénat où la raison régnait en souveraine. Sa bonté était excessive; elle allait même jusqu'à la faiblesse. Non-seulement elle traitait honorablement les généraux qui s'étaient laissé battre par incapacité ou par témérité, mais elle n'infligeait qu'une amende légère à ceux qui, par malice, avaient été cause de la perte de la bataille. On jugeait que la honte de la défaite était une assez grande punition pour ces malheureux généraux, sans aller les flétrir encore par la honte d'un châtiment rigoureux.

Les Romains croyaient qu'il était de la dernière importance que les chefs qui commandaient les armées eussent l'esprit libre et dégagé de toute crainte du côté de leurs concitoyens, afin qu'ils se livrassent tout entiers à la seule crainte de leurs ennemis, et que n'ayant aucun souci de se ménager des moyens de défense contre leurs concitoyens, ils prissent les résolutions les plus efficaces à la défense de la patrie. Ils pensaient qu'il ne fallait pas augmenter les difficultés et les risques dans une chose qui n'en a déjà que trop d'elle-même. En effet, sous l'empire de la crainte et des préoccupations personnelles, un général a bien de la peine à donner des marques de sa valeur et à prendre des résolutions grandes et hardies. Mais par cette politique, Rome sortait des voies ordinaires des Républiques ; elle sauvait les traditions de son origine royale et de sa constitution presque toute aristocratique, dans les meilleurs temps de son existence.

En France, au contraire, la République s'inspirant des traditions les plus démocratiques, a suivi, non l'exception, mais la règle. Carthage lui servit d'abord de modèle. La Convention en délire décrétait la victoire ; de sorte qu'éprouver un échec, c'était désobéir à la loi. La République était non-seulement cruelle envers les vaincus, mais encore injuste envers les vainqueurs ; elle punissait même les généraux qui n'avaient pas su tirer de leurs victoires tous les avantages possibles. Houchard, en suivant les plans de Carnot, avait battu les Anglais dans les plaines d'Hondschootte. Accusé par Carnot de n'avoir pas su profiter de tous les avantages que lui donnait la victoire, il fut jugé, condamné à mort et exécuté. Je ne retracerai pas ici tous les actes d'injustice et de cruauté de la première République ; il me suffira d'énumérer ceux de la dernière.

CHAPITRE XI. — **Les généraux de Gambetta.**

Le brave général d'Aurelles de Paladines, sortant à peine de sa victoire de Coulmiers, s'occupait activement de concentrer ses troupes, lorsque Gambetta, impatient de joindre l'armée de Paris qu'il croyait bêtement à Epinay, près de Fontainebleau, força ce général à marcher contre un ennemi supérieur en nombre. Naturellement, son armée est repoussée et dispersée. Aussitôt, le ministre de la guerre, ce fier jeune homme qui croyait porter la victoire dans ses yeux, s'enflamme de colère et d'indignation à la vue de la défaite; et dans une proclamation fameuse, il jette à d'Aurelles de Paladines l'infâme épithète de traître, au lieu de s'accuser lui-même de cette défaite, pour s'être mêlé, malgré son incapacité indubitable, de donner des ordres et de diriger les opérations. Les préfets font écho à la voix du dictateur. Toute la France ne retentissait que de malédictions contre les traîtres et les incapables qui livraient leur patrie à l'ennemi.

Lebœuf, de Failly, Frossard n'avaient point été épargnés par les hommes du 4 septembre. Entre tous les généraux, Mac-Mahon presque seul, par sa loyauté royale, sa valeur héroïque, son génie éprouvé par plusieurs victoires, et surtout par ses glorieuses blessures, a fait taire autour de son nom leurs voix infamantes. Lorsque Bourbaki, le vainqueur de Villersexel, pris en queue et en flanc par les Prussiens que Garibaldi, dupé par de feintes victoires, avait laissé passer, fut contraint de battre en retraite et de se jeter sur le territoire suisse pour sauver son armée des mains de l'ennemi, n'entendit-on pas encore la voix de Gambetta lancer contre lui l'accusation de trahison? Le valeureux Bourbaki, ne pouvant supporter une injure si révoltante, essaya d'attenter à ses jours.

Dans leur fol orgueil, nos fiers républicains, enivrés d'eux-mêmes et de leur excellence imaginaire, ne comprennent pas que leurs généraux soient battus, sans qu'ils aient livré volontairement la victoire à l'ennemi. Ils suivent la voie des anciens.

Athènes s'est rendue aussi célèbre par ses injustices envers ses plus illustres capitaines que par ses victoires et par son esprit. Nous pourrions voir, dans les histoires modernes, la même politique pratiquée par les Républiques d'Italie. Je me contente de la montrer en activité de nos jours dans la République française.

Ce n'est pourtant pas que j'accuse les tribunaux républicains de la même cruauté que ceux de Carthage ou d'Athènes. Nous leur avons vu rendre un jugement digne des Romains. Un pharmacien, improvisé général, avait reçu ordre de défendre Dijon : naturellement, il laissa prendre cette ville presque sans opposer de résistance. A l'approche des Prussiens, il avait fait éloigner le gros de ses troupes, laissant la défense de la place à une poignée d'hommes. Cité en jugement, les juges le renvoyèrent absous par cette raison bien simple qu'il n'avait pas l'expérience de la guerre. Et véritablement, la faute de la défaite retombait moins sur lui que sur le ministre qui l'avait nommé général.

Voilà donc où mène la politique naturelle de la République : elle accuse de trahison le général expérimenté qui subit un échec, malgré sa valeur et ses talents ; elle absout le général improvisé qu'elle a créé en dépit du bon sens.

Mais ce qui déconcerte le plus les généraux français, ce n'est pas tant encore la crainte de passer pour traîtres ou incapables aux yeux de toute la nation, si le sort des armes leur est contraire, comme la surveillance gênante des commissaires imposés par la République, et souvent l'obligation de suivre les plans qu'on leur trace et d'exécuter les ordres qu'on leur donne.

Tout le monde n'a pas la force d'âme de Napoléon, lequel, n'étant encore qu'officier d'artillerie, renvoyait un commissaire de la République qui lui faisait des observations sur une batterie. « Monsieur, lui dit-il, mêlez-vous de votre métier, laissez-moi faire celui d'artilleur et diriger mes pièces comme je l'entends. »

La flotte française, commandée par l'amiral Villaret-Joyeuse, étant sortie de Brest pour favoriser le débarquement d'un convoi de grains venant d'Amérique, fut rencontrée par la flotte anglaise, sous les ordres de l'amiral Horn. Villaret-Joyeuse, se voyant inférieur, voulait éviter le combat ; mais le représentant du peuple, Jean Bon-Saint-André, dont les pouvoirs étaient illimités, ordonna, par pure bravade, de livrer bataille. L'amiral, les soldats et les matelots eurent beau faire des prodiges de valeur, ils n'empêchèrent pas la flotte d'être anéantie.

Il est vrai que cette manière d'agir n'existait pas dans les Républiques anciennes. Mais, outre les caractères généraux communs à toutes les démocraties, chacune d'elles présente des caractères spéciaux. Je sais qu'un roi de France perdit une bataille navale pour avoir menacé de mort l'amiral qui commandait la flotte, s'il laissait passer l'ennemi. Mais ce n'est là qu'une faute exceptionnelle, provenant d'un ordre téméraire et non d'une politique traditionnelle. Il me semble qu'on pourrait facilement expliquer cette différence de conduite sous les deux régimes. Dans la République, où le peuple est souverain, où nulle âme responsable n'a jamais couru les hasards des combats, n'a jamais connu les inconstances de la fortune, n'a jamais conçu les enfantements de la victoire, tout le monde s'en prend aux vices des généraux de la honte de la défaite. Dans la Royauté, en France surtout, où le roi prend souvent le commandement des armées, il y a une âme qui a senti plus d'une fois les difficultés de la guerre, qui a essayé les caprices du sort, qui a suivi d'un œil inquiet les douloureuses péripéties de la lutte, enfin qui a éprouvé les cruelles angoisses de la défaite. Eh bien! cette âme est portée par sympathie à excuser dans les autres les malheurs qu'elle a éprouvés elle-même. Alors, quoi que les soldats puissent proférer contre l'incapacité ou la malice du général, le roi n'admet pas facilement ces accusations de la colère et de la honte envers un homme qu'il sait d'ailleurs dévoué au bien de l'Etat et à son service. De même à Rome, c'est parce que les consuls eux-mêmes étaient généraux, qu'ils s'excusaient mutuellement, chacun se voyant exposé aux mêmes dangers, et par conséquent à avoir besoin de la même indulgence.

CHAPITRE XII. — **Des tribuns.**

Le désir d'obtenir les charges que le peuple donne par élection, engendre les orateurs, les tribuns. Chaque ambitieux se met à exploiter la multitude par l'éloquence : l'intérêt étant aveugle, il leur inspire de prendre tous les moyens de persuader, tant par l'erreur que par la vérité. C'est pourquoi l'on voit les orateurs républicains exciter les passions et les vices d'une foule emportée et irréfléchie, qui aime d'ailleurs qu'on lui parle toujours dans le sens qu'elle pense.

Bientôt la multitude ne trouve raisonnables que ceux qui flattent ses préjugés. Quand même un orateur habile, prenant le parti de la vérité, parviendrait, à force d'éloquence, à la maîtriser et à lui faire entendre raison, son penchant naturel l'entraînerait vite à ses premiers sentiments. D'ailleurs, il ne manque jamais d'hommes prêts à détruire les bonnes impressions qu'elle pourrait avoir reçues, et à lui en donner de plus conformes à ses passions.

Incapable comme il est de distinguer la vérité

au milieu d'un déluge de paroles, parmi toutes les subtilités du raisonnement et à travers les détours de l'erreur, n'étant sensible qu'aux choses présentes et ne prévoyant jamais les futures, comment ne se laisserait-il pas égarer? Aussi, dans un gouvernement où tout s'obtient par le peuple, on voit surgir des milliers de tribuns, qui abusent de sa légèreté, de son ignorance, de ses convoitises, au profit de leur ambition personnelle.

A Rome, ils le séduisaient par l'espérance du partage des terres ou de l'abolition des dettes ; à Athènes, par la haine de la tyrannie ; en France, ils le mènent aux urnes électorales par le nom trompeur de liberté et par la peur de l'ancien régime. Ces discours passionnés entretiennent une agitation perpétuelle au milieu d'une nation qui a essentiellement besoin, pour prospérer, de jouir de calme et de solidité. Sans cela tout est en suspens. Cependant, étrange et bizarre contradiction! ceux qui prétendent s'élever aux plus hautes magistratures pour maintenir l'ordre dans la nation, s'y préparent en le troublant.

Un autre inconvénient de ce droit universel de discourir, c'est la faculté qu'on donne aux orateurs les plus forcenés de répandre dans les clubs leurs doctrines subversives et impies. Par conséquent, les républicains honnêtes se trouvent traînés à leur remorque, bon gré mal gré, comme une queue honteuse qu'ils ne peuvent couper, et la troupe des affamés et la horde des démagogues.

Ces gens-là les déborderont toujours quand ils arriveront au pouvoir et les contraindront à la violence. De nos jours, comme autrefois à Rome, les tribuns radicaux bernent le peuple de l'idée de partager la fortune publique. Si tous les conservateurs ne joignent leurs forces pour leur résister, il est à craindre qu'à un moment donné, cette utopie n'engendre de nouveau la guerre civile, d'où l'on ne sortira que par la servitude de tous sous la main d'un tyran.

Mais en attendant cette solution extrême, tous les hommes les plus ambitieux, ordinairement les plus incapables et souvent les plus corrompus, s'emparent du pouvoir et des places. Tout est envahi avec une activité dévorante ; le trouble est permanent. Dès lors, l'autorité s'affaiblit, les méchants relèvent la tête, les honnêtes gens tremblent, la confiance s'éteint, le commerce languit, l'industrie dépérit et se ruine. La vie de la nation éprouve comme une sorte de refroidissement et de suspension dans toutes ses branches. L'inquiétude s'empare des meilleures âmes, à la vue de l'audace croissante des malfaiteurs.

Dans un tel état de choses, il va sans dire que les belles-lettres et les beaux-arts, fruits de la paix et non du désordre, cessent de fleurir. Aux époques de trouble et de sédition, il n'est pas rare d'entendre la voix de quelques tribuns fameux dont l'exaltation passe pour de l'éloquence, parce qu'il soulève les masses en soulevant les passions violentes; mais, à vrai dire, on ne voit point briller de véritables orateurs ; encore moins voit-on surgir d'illustres poëtes. La raison, pour s'élever au-dessus des faiblesses humaines et planer dans les hautes régions du vrai et du beau, a besoin du calme et de la tranquillité si nécessaires à la réflexion et à la contemplation.

Virgile et Horace ne firent entendre leurs chants que lorsque Auguste eut rendu la paix à la terre. Corneille et Racine produisirent leurs immortelles tragédies dans les doux loisirs que leur procurait le grand roi. Lamartine et Victor Hugo ont composé leurs plus belles odes pendant les règnes paisibles de la Restauration.

CHAPITRE XIII. — **Les avantages de la République.**

Malgré les nombreux inconvénients qui découlent de la nature même du principe républicain et qui rendent radicalement mauvaise, surtout pour la France, cette forme de gouvernement, il y a deux avantages qu'on ne saurait lui nier sans injustice : le premier, que tous les citoyens sont admis aux emplois publics et aux charges de l'Etat ; le second, que le talent, l'intelligence, parviennent facilement à se faire jour, de sorte que l'autorité tombe entre les mains de ceux qui s'élèvent au-dessus de leurs semblables par la partie qui constitue la vraie supériorité de l'homme.

Dans l'origine du monde, on se soumit à la sagesse de l'expérience ; ce fut ensuite la force corporelle qui obtint la puissance ; plus tard, elle suivit les richesses et la naissance. Ce n'est que de nos jours que l'homme plie réellement sous la raison. En effet, ce qui donne aujourd'hui les honneurs, ce n'est plus tant la faveur, les richesses, les titres, que les talents de l'esprit. Un orateur, un historien, un poëte, un philosophe, un simple journaliste, deviennent préfets, ambassadeurs, députés, ministres, président de la République.

Mais ces avantages ne sont pas tellement propres à la République honnête que la Royauté ne les puisse pas fournir. D'ailleurs ces avantages sont plus apparents que réels, plus spécieux que solides ; car, il s'en faut de beaucoup que le bien qui en résulte compense le mal qu'ils produisent. Pour être un bon écrivain, un profond philosophe, un sublime poëte, un excellent historien, un grand orateur, un spirituel publiciste, on n'est pas pour cela un homme d'Etat, un habile diplomate, un bon administrateur. Si nous y réfléchissons bien, nous trouverons que cette facilité du peuple républicain à élever aux charges les plus considérables les hommes qui le charment par leurs talents, fait plutôt le bien des particuliers que celui de la nation. « L'ambition du pouvoir, qui est une passion de l'esprit, est proprement celle de l'homme, » écrit de Bonald. Or, rien n'est remuant comme l'esprit d'un homme qui veut parvenir. Il trouble l'État, et pour son bien propre, il nuit à son pays. C'est la pensée que Bonald a exprimée dans ces belles paroles : « Un homme d'un caractère élevé et d'un esprit propre aux affaires, s'accommoderait fort bien du gouvernement républicain, qui lui ouvrirait plus qu'à bien d'autres des chances d'honneur, de fortune, de renommée, s'il ne fallait être raisonnable avant d'être riche, célèbre ou puissant.

CHAPITRE XIV. — **Le Prosélytisme.**

Une des grandes causes de la haine de l'Europe pour les républicains, c'est leur passion du prosélytisme. Ils voudraient réduire tous les peuples sous la même forme de gouvernement, sans considérer que la liberté imposée par la violence est la plus cruelle des servitudes. Du reste, rien n'est plus vague que le nom de liberté, rien n'est moins défini que la chose. Chaque peuple se croit libre sous une certaine forme traditionnelle de gouvernement. Si vous lui ôtez cette forme pour lui imposer la vôtre, votre prétendue liberté lui ravit la sienne à laquelle il est attaché. Ainsi, sous ce nom enchanteur, tous les hommes n'attachent pas la même idée. Le tort de la République française est de se mettre en lutte avec les gouvernements voisins pour les renverser, croyant que son rôle soit de prêter main forte aux peuples contre les rois. C'est ainsi que, sous la première République, on vit surgir les Républiques batave, cisalpine, ligurienne, parthonopéenne, romaine. Les rois, craignant pour leurs couronnes, se liguent entre eux par des alliances redoutables, de sorte qu'au moment du danger la France se trouve seule contre tous. Or, la France sans alliance peut bien résister quelque temps à une coalition de l'Europe, grâce à sa bouillante valeur, à son opulence, au nombre de ses soldats ; mais l'expérience nous apprend qu'elle finit par succomber sous le nombre des assaillants.

CHAPITRE XV. — De l'Agriculture.

La République, en arrêtant le commerce et l'industrie, ruine du même coup l'agriculture, dont les produits ne se vendent pas ce qu'ils ont coûté. Quand même les affaires suivraient leur mouvement régulier, les charges énormes que les républicains se plaisent de faire supporter à la propriété, suffiraient pour la ruiner en quelques années.

Depuis quatre-vingts ans, la Révolution, ou plutôt la République, (car en France, c'est la même chose), ne cesse d'augmenter les impôts fonciers et de réserver tous les priviléges pour le commerce et l'industrie, de sorte que l'agriculture, qui rend le moins et qui nourrit le plus d'habitants, paye proportionnellement beaucoup plus que le commerce et l'industrie, dont les revenus sont quintuples, et placés entre les mains d'un petit nombre de citoyens. L'une, sur trois milliards, donne à l'État au moins huit cents millions, c'est-à-dire, près d'un tiers de son revenu, tandis que les deux autres branches, sur quinze milliards, ne donnent qu'un milliard, c'est-à-dire un quinziène de leur revenu. C'est de la supreme injustice et de la dernière inégalité. Il serait temps de mettre bon ordre à nos affaires et de porter un prompt remède à nos maux. On ne peut espérer ce bienfait que de la Royauté. Combien de temps encore serons-nous à l'attendre ! Le jour de son rétablissement paraîtra-t-il sans cesse reculer à mesure que nous avançons !

Tout le monde n'a-t-il pas déjà compris que la France est si peu faite pour la République que toute révolution entreprise par une bande de quelques séditieux contre une famille régnante héréditaire, a tourné, par la volonté générale du peuple, au profit d'une autre famille déclarée pareillement héréditaire. Tant il est vrai que la France ne respire que sous un monarque !

CHAPITRE XVI. — **Une page d'histoire.**

Le raisonnement théorique ne suffirait pas pour montrer que la République ne peut pas convenir à la France : il faut encore la preuve irréfutable et palpable de l'expérience. Cette expérience, nous l'avons faite trois fois ; l'histoire nous prouve quel résultat nous avons obtenu. Voici d'abord le jugement porté sur la République honnête de 89 par un homme qui ne peut pas être soupçonné de haïr cette forme de gouvernement. C'est M. Thiers qui parle : « La République, dit-il, a été essayée d'une manière concluante, suivant nous. On nous objecte tous les jours : Ce n'est pas la République sanglante, comme celle de ces temps, que nous voulons ; nous la voulons paisible et modérée. Eh bien ! on commet une erreur grave, quand on dit que l'expérience n'a pas porté sur ces deux points. Il y a eu une république sanglante pendant un an ; mais pendant huit à neuf ans, c'était une république qui avait l'intention d'être modérée, et qui a été essayée par des hommes honnêtes et capables. Sous le Directoire, c'étaient des hommes comme Larévellière-l'Épaux, Barthélemy, Rewbel, Sieyès, Carnot, hommes modérés, honnêtes, capables, qui voulaient, non pas la République de sang, mais la République paisible. La victoire n'a pas manqué à ces hommes ; ils ont eu les plus belles victoires : Rivoli, Castiglione, et mille autres. La paix ne leur a pas manqué non plus, car Napoléon leur avait donné celle de Campo-Formio, la plus sûre et la plus honorable. Cependant, en quelques années, le désordre était partout ; ces hommes d'État étaient honnêtes, et cependant le Trésor était livré au pillage ; personne n'obéissait; les généraux les plus modestes, les plus probes, des généraux comme Championnet et Joubert, refusaient d'obéir aux ordres du gouvernement ; c'était un mépris, un chaos universels. Il a fallu que des généraux vinssent renverser ce gouvernement à coups de pieds et le mettre à sa place. »

Ainsi, dans ces dix ans il s'est fait en France une expérience concluante sous les deux rapports. On a eu non-seulement la République sanglante, mais la République clémente, qui voulait être modérée et qui n'est arrivée qu'au mépris, quoique en majorité les hommes qui la dirigeaient fussent d'honnêtes gens.

Aussi la France en a horreur. Quand on lui parle république, elle recule épouvantée. Elle sait que ce gouvernement tourne au sang ou à l'imbécillité.

Les journées de juin en 1848, la Commune de 1871, sont la confirmation éclatante de cette sentence de condamnation.

Les hommes qui tenaient le pouvoir en 1848 pouvaient-ils être plus modérés que l'étaient un Cavaignac, un Lamartine, un Changarnier ; et pourtant l'insurrection éclata au milieu de la capitale et le sang coula en abondance dans des combats meurtriers.

En 1871 pouvait-on avoir un chef du pouvoir plus doux, plus modéré que l'était M. Thiers ; une Chambre plus libérale, plus patiente que l'était l'Assemblée nationale, et pourtant la révolte leva la tête ; des hommes sanguinaires massacrèrent les gardiens de la paix, les gendarmes, les otages, incendièrent les plus beaux, les plus antiques monuments de Paris, et durant deux mois soutinrent le guerre civile.

La République est donc justement en horreur à la France. Pour sortir des cruelles angoisses où la tient ce régime, deux fois elle s'est jetée dans les bras des Napoléon, mais deux fois elle a subi l'invasion des armées étrangères. Ainsi donc elle roulera perpétuellement du despotisme à l'anarchie, et de l'anarchie au despotisme, tant qu'elle ne reviendra pas au régime qui seul sait allier l'autorité à la liberté.

LIVRE TROISIÈME

LA POLITIQUE NATURELLE DE L'EMPIRE

CHAPITRE PREMIER. — L'origine.

L'Empire est un pouvoir militaire qui se produit aux époques d'anarchie. Ce gouvernement est bien différent de celui des rois qui par vanité prennent le titre d'empereurs, comme ayant quelque chose de plus pompeux. Au fond d'un tel empire, il n'y a que la royauté. Le vrai empire naît de la force et se maintient par la force; mais il périt, dès qu'il déroge au principe de son origine : ce qui montre évidemment qu'il tire de la force seule sa solidité.

Tous les meilleurs esprits ont reconnu que l'excès du désordre donnait naissance à l'Empire. Armand Carrel exprime cette pensée sous une image aussi énergique que gracieuse : « Quand l'anarchie a construit une maison, l'Empire vient l'habiter. » Un coup d'œil sur l'histoire nous convaincra plus facilement de cette vérité que tous les raisonnements du monde.

Depuis un siècle, Rome était en proie aux guerres civiles. Auguste, ayant triomphé de tous ses rivaux, profita des forces que le peuple lui avait confiées contre les nobles et les sénateurs, pour établir sa propre puissance. Il sut habilement attirer entre ses mains tous les pouvoirs de la République romaine, en se faisant nommer successivement tribun, consul et prince du Sénat. Dès lors la puissance du peuple et celle du Sénat ne furent plus qu'un vain nom qui lui faisait oublier la perte de la chose, ou même l'empêchait de trop s'en apercevoir. Douce consolation pour le vulgaire qui ne distingue pas le plus souvent les apparences de la réalité ; mais cruelle dérision pour les esprits profonds qu'on ne saurait tromper et auxquels les noms vides de sens rappellent plus cruellement l'absence de l'idée, et la perte de la chose ravie.

Cependant, à Rome, l'empereur était tout ; l'indépendance n'existait plus nulle part. Les moindres tentatives de la noblesse pour reprendre son influence et sa liberté furent réprimées avec une sévérité si excessive que personne n'osa plus rien tenter contre le maître. Il ne restait plus qu'une ombre de ces fameuses magistratures dont la force était aussi considérable que leur durée était courte.

Sous l'Empire, cette autorité s'était évanouie. Partout la liberte avait cédé la place à la servitude. Les armées impériales contenaient toutes les provinces dans le devoir, en même temps qu'elles surveillaient les frontières contre les attaques des ennemis, et qu'elles tenaient éloignées de Rome, ce foyer de la révolte, la jeunesse turbulente et indocile. La garde prétorienne assurait la sécurité du prince, et la servitude de tout le peuple romain. Dès le règne d'Auguste la guerre fut le sel qui empêcha l'empire de se corrompre et de tomber en lambeaux.

Napoléon Ier arriva au pouvoir par son audace et le prestige de sa gloire militaire, autant que par la lassitude et le dégoût que le peuple éprouvait du désordre et de l'anarchie. Il règna en concentrant tous les pouvoirs dans ses mains, en tirant des villes et des campagnes tous les jeunes gens les plus robustes et les plus remuants pour les dompter par la discipline de la caserne et du camp, et en occupant tous les esprits par la guerre.

Il avait ramassé l'autorité gisante dans le sang et la boue ; il la porta avec lui sur le trône. Mais aussi, il n'y eut plus de liberté que dans la tête de l'empereur. Il ne connut pas le moyen d'allier l'autorité du prince et la liberté du peuple.

Toute la vie de la nation était concentrée en lui seul ; il tenait tout, il remuait tout à son gré, et selon son bon plaisir. Plein de lui-même, et jaloux de son pouvoir, loin de rendre aux provinces, aux communes, leurs libertés perdues, il s'appliqua à inventer des systèmes de centralisation, de manière à tenir plus véritablement que le plus absolu des rois toute la France dans le creux de sa main et comme sous ses yeux.

Napoléon III, suivant l'exemple de son oncle, s'empara des rênes du gouvernement, en violant la représentation nationale. Il jeta traîtreusement en prison, pendant la nuit, les hommes les plus énergiques, les plus influents, les plus amis de la liberté, ou du moins de la légalité.

Appuyé sur l'armée qu'il flatta et qu'il trompa, il établit solidement son empire sur les ruines de toutes les libertés nationales. Dès le début de son règne, il essaya de donner le change à l'opinion publique sur le principe essentiel de l'Empire que tout le monde comprenait être la guerre et le despotisme, en proclamant que l'Empire était la paix, et en promettant de couronner l'édifice par la liberté. Mais l'histoire dira que ce ne fut que par la guerre que le second Empire maintint son prestige, et qu'enfin il périt, comme le premier, dans une guerre follement entreprise, moins dans le dessein d'abattre la Prusse que de rajeunir son nom dans quelque victoire.

Le peuple imprudent se réjouissait de cette promesse fallacieuse, de cette affirmation trompeuse ; d'ailleurs, il ne soupçonnait même pas que si l'Empire n'est pas la guerre, il ne tarde pas à être la corruption.

Ce pouvoir, issu de la force, ne peut parvenir à établir sa domination sur des populations bientôt indignées de leur servitude et impatientes du joug qui pèse sur elles, que par une multitude de créatures dont l'intérêt est de les tenir asservies. Or, ces créatures sont les premiers esclaves et les plus dociles à la volonté du maître auquel ils se sont vendus ; car, il y a dans la nature humaine un tel amour de la liberté qu'un homme tant soit peu honnête ne consent à prendre l'aiguillon du despotisme au service d'autrui qu'à prix d'argent et après avoir couvert sa propre honte dans l'éclat des honneurs. Malgré cet attrait, comme tous les cœurs généreux demeurent naturellement attachés à l'ancienne forme de gouvernement, il ne reste au service de l'Empire que des intrigants qui exploitent le pays plus qu'ils ne le servent. A part quelques ambitieux ou quelques ruinés, vous ne voyez guère que des hommes nouveaux désireux de parvenir. Ce gouvernement fait régner l'ordre, il est vrai, mais c'est plus par la crainte que par l'affection. Il ne trouve pas de meilleur moyen pour obtenir la tranquillité que de mitrailler les séditieux, de déporter les insurgés, de terroriser tout le monde par la vue du sabre.

CHAPITRE II. — **La servitude.**

Les empereurs romains avaient tenu le peuple dans la servitude, en lui donnant du pain et des jeux, et par intervalles, quelques sesterces. Napoléon Ier l'y avait tenu par des guerres continuelles et par l'amour de la gloire et des conquêtes ; Napoléon III, par l'avilissement des caractères, l'abandon de la religion et le déréglement des mœurs.

Pendant que le peuple s'abrutissait dans l'ivresse et l'impureté, les grands couraient aux places et aux pensions, qui presque toujours étaient accordées plus à la faveur qu'au mérite. Pour contenter la foule des solliciteurs et des prétendants, comme les emplois ordinaires ne suffisaient pas, on s'ingéniait à en créer de nouveaux. C'est ainsi que tous les ministères se remplissaient d'une multitude d'employés inutiles qui n'étaient là que pour avoir un motif d'émarger au budget de l'Etat.

Cependant les rouages infinis des administrations retardaient, bien loin d'accélérer la marche des affaires. Triste spectacle que celui d'une nation dont chaque citoyen prétend vivre aux dépens du Trésor public! spectacle bien fait pour montrer l'abaissement des âmes ! Voilà où conduit la politique de l'Empire !

Il faut que tous les pouvoirs s'effacent devant la dictature impériale, que toute autorité se courbe bassement en sa présence. Plus de foyers de vie dans les provinces ni dans les communes. Les Conseils municipaux avaient gardé une ombre d'indépendance sous les régimes précédents ; l'Empire ne se donna point de repos qu'il ne les eût réduits à la servilité. Les Conseils généraux où n'arrivaient guère que des hommes dont la candidature était patronnée et soutenue de mille moyens par les agents du pouvoir impérial obéissaient à peu près servilement aux préfets qui n'étaient eux-mêmes que les hommes-liges de l'Empereur.

Les élections des députés subirent aussi l'influence prépondérante du gouvernement par les candidatures officielles et par tous les ressorts du crédit, de la faveur et de l'argent.

Le Sénat, que l'Empire composait à son gré de même que le Conseil d'État, n'offrait que des assemblées de créatures dont la plupart devaient leurs dignités à leurs bassesses. Cependant pour relever et ne pas perdre complétement aux yeux du pays le prestige de ces illustres assemblées, le despote habile avait soin d'y admettre quelques-uns de ces hommes éminents dont les fières âmes savent conserver leur indépendance aumilieu de la servilité générale autant par génie que par vertu.

Tacite observe que, dès le commencement de l'empire romain, tout le monde, à Rome, courait à la servitude, la noblesse, les sénateurs, les consuls, les plus grands et les plus illustres, les premiers. Quittant le nom de triumvir, Auguste prit celui de consul et de tribun afin d'être plus maître du peuple sous prétexte de le défendre. Mais après avoir gagné les soldats par des largesses, le peuple par le soin des vivres, et tout le monde par la douceur de la paix, il s'attribua peu à peu l'autorité des lois et des magistrats, parce que la guerre et les proscriptions avaient emporté les plus courageux et que les dignités étaient la récompense de la servitude. D'ailleurs, comme la plupart s'étaient enrichis des calamités publiques et devaient leur avancement à la mutation de l'État, ils aimaient mieux une fortune présente et assurée que des espérances trompeuses et incertaines. Les provinces se ralliaient encore à cette forme de gouvernement, ennuyées de la longue domination du Sénat et du peuple et ayant vu, par l'ambition des grands et l'avarice des magistrats, les lois impunément violées, et tout corrompu par la force, par l'argent et par le crédit. Ainsi, après de longues contestations, il usurpa la domination sous le nom de prince du Sénat.

Nous avons vu se reproduire deux fois dans

notre siècle l'usurpation de la souveraine puissance sous le prétexte de rétablir l'ordre et d'assurer la tranquilité publique; et de la part de la nation la même promptitude à se jeter aux pieds des despotes.

Quoique la justice nous oblige à reconnaître que la noblesse française se montra beaucoup plus fière et plus indépendante que la noblesse romaine, néanmoins, je ne sais si les grands corps de l'État ont jamais paru plus abaissés que sous l'Empire ni réduits au plus honteux avilissement. Cependant, il faut bien le dire, il se révéla, par intervalles, quelques caractères élevés et fermes, quelques esprits aussi libres dans leurs votes que dans leurs discours. Mais la majorité servile avait beau connaître les réformes que tout le monde appelait de ses vœux, elle n'osait les demander au maître dont elle se gardait bien de prévenir les inspirations.

CHAPITRE III. — **Le premier Empire.**

La gloire dont Napoléon est environné, le souvenir magique de ses brillantes victoires, ne permet pas en général de découvrir en lui-même toute la sombre réalité de son despotisme. Il est bon d'entendre à ce sujet le jugement d'un homme qui l'a approché de près, et qui peut en parler avec autorité. C'est l'auteur du *Livre des Orateurs.*

« Lui, dit-il, cet homme a fait tomber l'illusion populaire, qui attachait au sang des rois la souveraineté, la majesté et la puissance. Il a relevé le peuple dans sa propre estime, en lui montrant les rois issus des rois, aux pieds d'un roi issu du peuple. Il les a tellement accablés de sa comparaison, tellement opprimés de sa grandeur, qu'en prenant un à un tous ces rois et tous ces empereurs, et en les approchant de ce colosse, à peine les aperçoit-on, tant ils sont obscurs et petits !

« Je crains que l'histoire ne dise un jour de lui : Il a détrôné la souveraineté du peuple. Il était empereur de la République française, et il se fit despote. Il jeta le poids de son épée dans la balance de la loi. Il incarcéra la liberté individuelle dans les prisons d'État. Il étouffa la liberté de la presse sous les baillons de la censure. Il viola la liberté du jury. Il tint sous ses pieds, dans l'abaissement de la servitude, les tribunaux, les Corps législatifs et le Sénat. Il mit les générations en coupe réglée et il dépeupla les ateliers et les campagnes. Il greffa sur le militarisme une noblesse nouvelle qui serait devenue bientôt plus insupportable que l'ancienne, parce qu'elle n'aurait eu ni la même antiquité, ni les mêmes prestiges. Il leva des impôts arbitraires. Il voulut qu'il n'y eût dans tout l'Empire qu'une seule voix, sa voix ; qu'une seule loi, sa volonté. Notre capitale, nos villes, nos armées, nos flottes, nos palais, nos musées, nos magistrats, nos citoyens devinrent sa capitale, ses villes, ses armées ses flottes, ses palais, ses musées, ses magistrats et ses sujets. Il traîna la nation sur des champs de bataille où nous n'avons laissé d'autres souvenirs que l'insolence de nos victoires, nos cadavres et notre or. Enfin, après avoir assiégé les forts de Cadix, après avoir eu dans ses mains les clefs de Lisbonne et de Madrid, de Vienne et de Berlin, de Naples et de Rome, après avoir fait trembler les pavés de Moscou sous les roulements de ses canons, il a rendu la France moins grande qu'il ne l'avait prise, toute saignante de ses blessures, démantelée, ouverte, appauvrie et humiliée. »

Quelquefois il feignait de se laisser pénétrer pour mieux pénétrer les autres et pour s'engager plus avant dans les replis de leur pensée. Ce qu'il n'emportait pas par la force, il l'emportait par la ruse. Je suis lion, disait Napoléon, mais je sais être renard. Il emportait le secret des cœurs dans l'abandon de la causerie et la confiance de l'amitié, parce qu'on ne se mettait pas en garde contre lui.

Il trouva des complices empressés de son despotisme dans ces hommes nouveaux que le flot révolutionnaire avait poussés et qui s'élevaient avec sa fortune aux richesses et aux honneurs. On songeait bien à Napoléon, mais à la condition de n'être pas oublié soi-même. Le Sénat, mis sur la voie et tenté dans sa cupidité, stipula effrontément pour l'hérédité de ses titres, salaires et fonctions ; le tribunal et le Corps législatif demandèrent, comme des valets, une augmentation de gages. La bassesse des serviteurs surpassa l'usurpation du maître. Les états-majors, les préfectures, les administrations, les municipalités, les académies, les magistratures et la presse elle-même se précipitèrent dans la servitude avec une émulation honteuse. On poussa Napoléon, on le porta sur mille bras à l'Empire, et la corruption gangrena si avant tout le corps de la nation officielle, qu'elle n'a pu se relever encore de sa dépravation, et que Paul-Louis Courrier va, dans son indignation, jusqu'à nous appeler, tous tant que nous sommes, un peuple de valets.

Par tempérament autant que par système, Napoléon professait les maximes du pouvoir absolu ; par instinct autant que par besoin, il voulait un gouvernement fort, des lois sévères et obéies. Il méprisait la populace. Il aimait l'armée, comme la signification la plus complète de la nationalité, comme la formule la plus unitaire du pouvoir, comme l'instrument le plus actif, le plus docile, le plus concentré du gouvernement. Il fortifia toujours son pouvoir aux dépens de la liberté. Il fallait que le clergé enseignât sa religion et acceptât ses décisions, que l'éducation de la jeunesse fût monopolisée dans ses mains. Il n'aimait pas, si ce n'est par boutade, à remuer les matières religieuses. Il s'irritait contre le clergé qui voulait se réserver l'action sur l'intelligence et le réduire à l'action sur le corps. Ils gardent l'âme, disait-il, et me laissent le cadavre. Il ne voyait dans la mort, qui moissonne, par an, quinze à vingt mille personnes, qu'une bataille perdue.

Il n'estimait que le fanatisme militaire. Il en faut, disait-il, pour se faire tuer. Il ne regardait les hommes que comme de la chair à canon. Il voyait la religion politiquement, comme tout le reste. La religion rattache au ciel une idée d'égalité qui empêche que le riche ne soit massacré par le pauvre. Il voulait faire des missionnaires autant d'agents diplomatiques pour l'accomplissements de ses desseins brutaux. Quand il n'était que consul, il avait des sentiments humains ; le soulagement du peuple, son bien-être, le préoccupaient. Depuis, parvenu à l'Empire, Napoléon devint plus maître de ses secrets, plus soucieux de ses destinées, dont on eût dit qu'il pressentait la fin, plus réservé dans ses épanchements. Possédé du démon de l'ambition, il voulut réduire tout le monde sous sa puissance, et prolonger son règne avec sa tyrannie au delà du tombeau par l'établissement de sa dynastie. Mais pour obtenir ce résultat, il y avait deux obstacles à vaincre : la papauté et la royauté. Son divorce devenait nécessaire, car Napoléon savait bien que la France a autant d'horreur des bâtards que des femmes. Pour vaincre le Pape, il l'obsèdera, le frappera, l'incarcérera. Tous les plus mauvais traitements seront employés comme un moyen politique pour surmonter la résistance du Pape. Il assemblera des cardinaux et des évêques, et leur imposera ses décisions. Sans rompre avec l'Église, il tâchera de se passer du Pape.

La royauté se dressant devant lui comme un principe inexpugnable, dès qu'il avait rétabli en France l'autorité et l'hérédité, il comprenait que la force de l'habitude ou le besoin réel de la monarchie ramènerait la France dans les bras de ses rois, et qu'elle s'éloignerait de ses descendants par haine de l'absolutisme qu'il avait fait peser sur sa tête. Il rêve dès lors d'exterminer les rejetons de la famille des Bourbons. Les frères de Louis XVI se tenaient prudemment loin des frontières. Le malheureux duc d'Enghien, moins défiant, habitait paisiblement son château de Ettenheim, situé dans le grand duché de Bade. Napoléon envoie des satellites qui s'en emparent, le lui amènent; sans jugement, pendant la nuit, comme pour cacher son crime dans les ténèbres, il le fait fusiller dans les fossés de Vincennes. Mais la Providence n'avait pas voulu en faire un chef de dynastie: il n'était en ses mains qu'un fléau pour punir la France et les nations voisines. Conduit par ce terrible conquérant, il fallait que le peuple français, enivré du sang de ses nobles et de ses prêtres, de ses citoyens les plus vertueux, de ses vierges les plus pures, allât verser le sien à son tour dans toutes les plaines de l'Europe. La dynastie que Dieu a établie sur la France régna depuis Clovis et règnera jusqu'à la fin du monde. Quand une branche tombe, une autre lui succède, pleine d'une nouvelle vigueur. Quand nos rois se montrent infidèles à leur mission divine, les châtiments célestes allumés non par une colère inexorable, mais par une miséricordieuse justice, les ramènent au devoir et sur le chemin de la gloire, car c'est d'eux seuls que Dieu semble attendre la protection de la religion.

CHAPITRE IV. — **La religion.**

L'histoire nous prouve aujourd'hui quel secours les catholiques peuvent espérer de l'Empire. Il a commencé par faire semblant de les protéger ; mais il a fini par les persécuter en renversant le pouvoir temporel du Pape que nos rois s'étaient plu à agrandir. Cette conduite doit nous prouver que si l'Empire favorisa d'abord la religion, c'est moins pour elle-même, que dans son intérêt propre.

Napoléon Ier, voyant à la lumière de son génie que la religion lui attacherait le peuple, comme par une chaîne plus douce et par cela même plus solide que les autres, dès le début de son règne, s'empressa d'ouvrir les temples fermés depuis la Révolution.

En effet, cette action glorieuse en elle-même lui attira les bonnes grâces du clergé et l'appui des catholiques, qui sont la vraie force de la France. Du reste, il avait compris que la reconnaissance pour un bienfait si précieux serait la plus ferme colonne du trône qu'il se proposait de relever, et sur lequel il prétendait s'asseoir.

En ne considérant cette habileté qu'au point de vue politique, elle mérite les plus grands éloges. Un prince nouveau doit toujours tâcher d'acquérir les sympathies de ses sujets en leur rendant une partie des biens que le régime précèdent leur avait ravis, et en premier lieu, la religion qui est à ses yeux le plus précieux. Mais si on se place au point de vue de la morale, autant on aime à applaudir au zèle d'un prince qui prend soin de remettre la religion en honneur par esprit de piété, autant on méprise celui qui ne lui accorde sa protection que par raison politique et sans nul esprit de foi.

Ce qui déplaît d'abord en Napoléon Ier, c'est qu'il regarda la religion comme un piédestal à son ambition et qu'il alla, pour ainsi dire, jusqu'au ciel chercher Dieu pour le faire servir à ses orgueilleux projets.

Les guerres des Vendéens, ce peuple de géants, comme il les appelait lui-même, et contre lesquels il avait refusé de se battre, de même les nobles efforts des plus grandes villes de France dans le but de se soustraire à la tyrannie des révolutionnaires, ou dans le dessein avéré de rétablir le trône et l'autel, avaient appris au profond génie de Bonaparte, s'il ne l'avait déjà deviné, qu'il n'est rien à quoi notre nation tienne davantage, malgré qu'on en ait, qu'à ses rois et à ses prêtres, parce qu'elle aime foncièrement l'ordre, la liberté, l'autorité et la religion.

Ne voulant leur rendre ces deux biens à la fois, le Consul fut du moins assez habile pour adoucir l'usurpation de l'un par la concession de l'autre. Le sentiment religieux était une fibre un peu plus délicate que les autres qu'il prenait plaisir à faire vibrer dans les circonstances les plus critiques, mais toujours uniquement dans son intérêt personnel. C'est ainsi qu'en Égypte, dans ses proclamations aux Mamelûks, il professait le plus grand respect et la plus grande admiration pour le faux prophète Mahomet ; non content d'assurer les infidèles qu'il ne venait pas renverser leurs mosquées, il promettait de participer à leur culte. Il écrivait aux Cheicks, princes égyptiens : Je respecte plus que les Mahométans, Dieu, son prophète et le Coran. Mais ce qui révolte l'âme d'un chrétien, c'est ce qu'il écrivait aux Marabouts : Dites au peuple que nous sommes de vrais Musulmans. N'est-ce pas nous qui avons détruit le Pape, qui disait qu'il fallait faire la guerre aux Musulmans ?

Il n'est donc pas étonnant qu'avec de telles idées, il n'ait rétabli la religion dans son pays que par politique et sans esprit de religion,

Plus tard, quoiqu'il n'eût ni piété, ni foi et qu'il montrât jusque sous la main du Vicaire de Jésus-Christ un orgueil révoltant, il voulut s'entourer de l'auréole du sacre pour se rendre plus respectable aux yeux du peuple. Après avoir exigé que le pape Pie VII vînt de Rome à Fontainebleau, pour le couronner, il ne daigna pas lui laisser l'honneur de déposer le diadème sur le front impérial. Au lieu de suivre les pieux exemples de Charlemagne dont il prétendait rétablir l'Empire, et de s'incliner humblement sous la main du Pontife, l'orgueilleux empereur, comme s'il craignait de paraître tenir sa couronne de Dieu, le Roi des rois, arracha le diadème des mains du Pape étonné et se le mit lui-même sur la tête.

Bien plus, au moment même où il délivrait l'Église de ses chaînes par le Concordat, il s'efforçait de lui en jeter furtivement d'autres, au moyen des articles organiques. Toutes les chaires de Théologie devaient, d'après ses ordres, enseigner la doctrine des *quatre articles*, qui subordonnaient l'Église à l'État. Ainsi, Napoléon n'adoptait de la religion de Louis XIV que les points où le grand roi s'était montré despotique.

Le Pape ne devait être qu'un de ses vassaux, et le plus docile. S'il résistait, soit dans la question du divorce, soit dans celle du blocus continental, il le violentait, ou le faisait enlever de son palais, traîner de prison en prison, sans égard pour sa vieillesse, sans respect de sa dignité sacrée.

Napoléon III n'a pas démenti, sous ce rapport, la politique du régime impérial. Comme son oncle, au commencement de son règne, il parut protéger la religion. Il se vanta même de la soutenir pour elle-même. Mais, soit que ce sentiment fut réellement dans son cœur, lorsqu'il prononça ces paroles, soit qu'il s'en fit un voile pour mieux tromper le peuple crédule, il n'en est pas moins vrai que ses actes démentirent bientôt ses promesses. Sous une feinte ostentation de dévouement à la papauté, il a poussé sous main l'Italie à la dépouille de ses biens temporels. Tandis que nos soldats tenaient garnison à Rome, il engageait les Piémontais à courir à la conquête des États de l'Église.

Son impiété s'exerçait aussi dans l'intérieur de la France par l'abolition de la Société de St-Vincent-de-Paul.

Pendant le Concile, il faisait jouer les ressorts d'une politique ténébreuse pour intimider les Pères du Vatican.

Une circonstance où son désir intéressé d'acquérir les bonnes grâces du Pape, se manifeste d'une manière particulièrement odieuse pour les prêtres, c'est à la veille du dernier plébiscite, lorsqu'il promettait par décret d'augmenter le traitement des vicaires. De tout cela il résulte que la politique naturellede l'Empire est la violence, la corruption et l'hypocrisie.

Où l'on voyait bien que l'Empire s'inquiétait fort peu des intérêts moraux et religieux de la nation, c'est l'indifférence qu'il montrait pour la publication des mauvais livres, des mauvais journaux, pour la représentation des pièces immorales, on peut même dire le zèle qu'il déployait pour la diffusion des ouvrages irréligieux et impies.

Quelles pièces malsaines ne laissait-il pas jouer aux théâtres ? Quels spectacles plus dégradants pour les spectateurs qui y respiraient la corruption par tous les sens à la fois ! Dans toutes les villes de la France on voyait paraître sur la scène des femmes éhontées, dont les paroles, les chants, les gestes, la toilette, les attraits, portaient le plus infâme déréglement dans les mœurs de la classe la plus intelligente de la nation.

Des plumes vendues à l'Empire répandaient ses doctrines subversives, ses principes des nationalités, et contribuaient par leurs louanges vénales à tromper l'opinion publique sur la politique anti-française du gouvernement.

D'autres battaient en brêche le pouvoir temporel du Pape, gardien de son indépendance spirituelle, ou sapaient le christianisme par sa base en niant la divinité de son Auteur. M. Renan, avec l'argent de l'État, voyageait en Orient, sous le spécieux prétexte d'une mission scientifique, mais en réalité pour donner une autorité factice à la vie de Jésus. Tous les moyens les plus infernaux concouraient à égarer les esprits et à corrompre les cœurs.

Le premier Empire s'était incorporé violemment les États de l'Église ; mais jamais il n'avait déployé contre le dogme et la morale les armes de l'impiété, de l'incrédulité, de l'immoralité, ni suivi les voies tortueuses de l'hypocrisie pour ruiner tous les principes de la religion.

Le luxe le plus effréné, avec les modes les plus indécentes, descendait de la cour impériale, inondait la nation et pénétrait jusque dans les plus humbles villages.

Les foyers de corruption, les théâtres, les cabarets, les cafés, les maisons publiques, allaient se multipliant avec une effrayante rapidité, et se remplissaient à mesure que les églises devenaient vides. C'était le retour au paganisme.

Le blasphème, l'ivrognerie, l'impudicité avaient remplacé les antiques vertus de nos pères. Et l'on appelait cela augmenter le bien-être du peuple, répandre la civilisation.

CHAPITRE V. — **L'Intérieur.**

Quand la religion ne fleurit pas et qu'elle est si mal entendue, il est ordinaire que l'administration du pays soit en souffrance, et dans une faiblesse sensible. En effet, sous l'Empire, il régnait un ordre factice, obtenu plus par la crainte et la force de la police que par l'affection et la bonne condition des mœurs. L'autorité s'exerçait avec une telle violence qu'elle étouffait la liberté. Un immense réseau de police ouverte et de police secrète enserra tout le monde dans ses nœuds inextricables et inévitables. Rien n'échappait au souverain ; les paroles, les gestes, les pensées, tout était observé et noté.

Quand cela n'attirait pas un prompt châtiment, il devenait à l'occasion une cause de disgrâce ; de sorte que le maintien de l'ordre public pesait autant aux honnêtes gens, qui ne pouvaient plus remuer librement, qu'aux malfaiteurs mêmes qui se sentaient recherchés pour leurs crimes.

Sans doute les criminels s'échappaient rarement des mains des gendarmes, mais aussi, avec de tels principes de politique, l'Empire ne tenait la société debout que par le sabre du gendarme et l'œil de l'agent de police. La France a besoin d'être autrement gouvernée. Son honneur y est intéressé. Il y va aussi de l'intérêt de la puissance. Même en la supposant exercée par le génie, elle n'en doit pas moins user de modération et d'adoucissement pour ne pas se rendre odieuse et insupportable. D'ailleurs, c'est courir au-devant de sa ruine que de ne pas laisser sa place à la liberté qui est l'âme des nations européennes et civilisées. Mais le principe vital de l'Empire empêchera toujours la liberté de vivre à l'ombre de l'autorité, parce que ce gouvernement ne fait jamais rien pour rendre le peuple vertueux ; ne soutenant d'abord la religion qu'autant qu'elle contribue à son affermissement ou plutôt à son usurpation, et ne tardant pas à la persécuter ou à l'avilir dès qu'il est établi ou qu'elle lui résiste. Quand il ne la persécuterait pas, étant un gouvernement sans foi, il ne trouve en lui-même aucun zèle pour la faire fleurir. D'ailleurs, il y a toujours eu au fond de l'esprit des Napoléon la pensée secrète, le dessein inavoué, mais suivi sourdement et manifesté clairement par des actes incontestables, de détruire une puissance qu'ils voyaient s'élever en face de la leur. Ainsi, je le dis et le répète, l'Empire ne sait que violenter ou corrompre. Or, les publicistes ont remarqué depuis longtemps qu'un peuple corrompu, non-seulement ne conserve pas sa grandeur ancienne, ni ses libertés nationales, mais qu'il ne se conserve lui-même indépendant des autres nations, qu'en se pliant sous la servitude d'un despote. La France plia sous Napoléon Ier, dont les expéditions glorieuses l'avaient enivrée de gloire. Napoléon III, moins occupé de guerres et jaloux de vérifier cette promesse : L'Empire, c'est la paix, s'attacha à procurer à la nation la tranquillité ; mais il ne profita du repos qu'il lui accordait que pour la corrompre. Ses ministres, ses préfets, ses officiers, ses juges et lui-même en tête, donnaient l'exemple de l'incrédulité et du dérèglement des mœurs. Les nobles exceptions, qui se rencontraient, étaient moins un sujet d'édification que de risée. Un déluge de romans immoraux, des pièces de théâtre abominables, des journaux impies, portaient la corruption, l'irréligion et le vice dans toutes les classes de la société.

Cette politique, qu'on ne sait de quelle manière qualifier, sapait par la base les principes conservateurs qu'elle prétendait défendre, et nous entraînait par une pente irrésistible dans le gouffre du radicalisme.

CHAPITRE VI. — **La Presse.**

Un des grands crimes des gouvernements usurpateurs, c'est la licence qu'ils ont accordée à la presse sous le nom de liberté. Ils se contentaient de réprimer les attaques contre le trône, mais toléraient, pour ne rien dire de plus, les attaques bien autrement violentes et dangereuses contre tous les principes les plus sacrés; on aurait dit, à les voir, qu'ils ne se doutaient pas que le mépris de l'autel et de la morale amène directement la révolte contre l'autorité et au renversement du trône. Mais ce qui était encore plus odieux que la licence, c'était l'injustice envers les bons journaux, dont on réprimait les moindres fautes avec plus de sévérité que les crimes de leurs adversaires.

Enfin, par une étrange aberration d'esprit et un aveuglement inconcevable, si cette politique n'entrait dans un plan diabolique, tandis qu'on bâillonnait la presse catholique, qu'on asservissait l'Église, qu'on méprisait la religion, toutes les faveurs, toutes les libertés étaient accordées aux sociétés secrètes dont les doctrines ne tendent à rien moins qu'au bouleversement de la société, à la ruine des autels, à la dissolution de la famille, au pillage des fortunes, au vol de la propriété, et au massacre légal de tous les meilleurs citoyens. Car il n'y a plus d'illusions à se faire, nous avons aujourd'hui la preuve certaine que la Franc-maçonnerie est sœur de l'Internationale.

CHAPITRE VII. — **L'Instruction.**

Je ne crois pas que l'instruction ait jamais été plus mal donnée, plus maltraitée que sous l'Empire. Ce gouvernement est si jaloux de son autorité, qu'il a trouvé le moyen de monopoliser l'instruction entre ses mains. Par un abus révoltant de pouvoir, il confisquait ainsi la liberté d'enseignement, qui est l'âme de l'émulation et le gage le plus assuré des fortes études. Les prêtres et les religieux, voués par état à instruire la jeunesse et à la former à tous les sentiments humains, se voyaient évincés de leurs fonctions sacrées, de leurs droits imprescriptibles par des laïques, ou trop insouciants à cause de leur inexpérience et de leur légèreté, ou trop préoccupés du soin de leurs familles. L'État a sans doute le droit de protéger les intérêts matériels et moraux des enfants envoyés à l'école, mais non pas le droit de leur imposer des maîtres. C'est violenter la liberté la plus sacrée des parents ; c'est leur ravir le droit le plus incontestable. A eux seuls revient l'obligation de former l'esprit et le cœur de ceux qu'ils ont mis au monde, comme celle de nourrir et d'entretenir leurs corps. S'ils ne peuvent pas remplir eux-mêmes cette obligation, soit à cause de leur peu de connaissances, soit à cause de leurs occupations journalières, ils doivent être libres de choisir les maîtres qu'ils préfèrent. Il fallut aux pères de famille et aux catholiques plusieurs années de luttes ardentes pour arracher à l'État la liberté d'enseignement secondaire à la faveur des principes libéraux de la République de 1848. Le second Empire, ne pouvant reprendre cette conquête, retint du moins fortement le monopole de l'enseignement supérieur. Or, les hommes les plus savants de France reconnaissent aujourd'hui que le système universitaire, introduit et maintenu par l'Empire, a été la principale cause de l'abaissement du niveau intellectuel et de l'abandon des fortes études. Les programmes officiels d'examen et surtout celui du baccalauréat, aussi indigestes qu'inutiles aux carrières libérales, écrasent l'intelligence des jeunes gens au lieu de l'élever. Il est impossible que l'esprit apprenne tout. S'il veut trop embrasser, ce qu'il gagnera en superficie il le perdra nécessairement en profondeur. Un autre défaut du système d'éducation universitaire, c'est de trop écarter de l'âme de la jeunesse l'influence du prêtre. Sans la religion, sans une philosophie sérieuse, on pourra bien faire des bacheliers, on ne fera pas des hommes. D'ailleurs, quand même on ferait des savants, il sera toujours vrai de dire avec Bacon que la religion est l'arome qui empêche la science de se corrompre. L'Empire, en confiant les enfants à des laïques, dont la plupart étaient sans foi et sans mœurs, ou imbus des doctrines impies et radicales, ne formaient que des esprits incrédules, orgueilleux, sans les principes solides de morale, de religion, de philosophie, qui font la force de la société.

Les étrangers aussi attribuent au système universitaire notre abaissement intellectuel. Voici comment s'exprimait il y a quelques mois dans une conférence à Berlin un officier supérieur :

« Depuis le système de nivellement intellectuel appliqué à la France par Napoléon Ier, l'étude sérieuse, fortifiante, a été dans ce pays de plus en plus mise de côté. Le peuple s'est épris d'une littérature aussi vide que brillante ; un genre déclamatoire et théâtral est devenu le goût dominant ; l'esprit public tout superficiel ne forme plus qu'un triste contraste avec cet esprit sérieux, profond, puissamment créateur, qui a jadis appelé à l'existence ces milliers de monuments de l'architecture romane et gothique que nous trouvons épars sur le territoire français, jusque dans les plus petites villes et dans d'humbles villages. Il aurait pu ajouter avec plus de raison, ces chefs-d'œuvre de science, d'éloquence, de poésie et d'art, qui illustrèrent le XVIIe siècle ; car les tragédies de Racine et de Corneille, les ouvrages de Bossuet et de Pascal, les discours de Fénelon et de Bourdaloue, les palais de Mansard et de Perrault, les tableaux de Lebrun et de Mignard, font plus d'honneur et ont donné plus de gloire à l'esprit français, dénotent une plus grande élévation que les cathédrales romanes et gothiques. Il ajoute : Il n'y a que la puissance extérieure de l'Église qui ait grandi surtout dans son influence sur les femmes ; encore l'esprit français ne connaît-il pas le sentiment religieux dans ce qu'il a de profond et d'intime. Je crois ici que l'orateur de Berlin se fait illusion. L'Église n'a rien gagné de nouveau sur les femmes, elle a seulement conservé sur le sexe pieux l'empire qu'elle a toujours exercé. Malgré l'affaiblissement général de la foi, l'influence de l'Église a paru grandir dans les femmes, à cause de l'irréligion profonde des hommes.

Cependant ce qui est très-vrai, c'est que l'esprit sérieux, profond, sublime, des Français s'est presque évanoui. Une littérature légère et brillante a succédé à la littérature forte et grave de nos pères. L'imagination fait seule les frais des ouvrages contemporains. La haute raison qui régnait dans les auteurs anciens est tellement affaiblie, que chez les meilleurs écrivains de nos jours le simple bon sens y produit l'effet du génie. Ils ont adopté un style diffus, imagé, sans précision, sans sobriété ; ils noient la pensée sous un déluge de mots et de phrases. Nous en sommes réduits à nous extasier devant quelques rares passages où la raison se fait jour à travers tous les ornements dont on la surcharge. Souvent, pour découvrir le sens d'un auteur, il faut autant de travail que si l'on devinait une énigme.

CHAPITRE VIII. — **L'Agriculture.**

Cependant, moins l'Empire s'occupait des intérêts moraux du pays, plus il prenait de soins de ses intérêts matériels, faisant consister toute sa grandeur dans cette prospérité apparente.

On ne saurait nier sans injustice que ce gouvernement n'ait fait fleurir l'agriculture, l'industrie et le commerce.

De nombreux canaux creusés, plusieurs marais desséchés, de vastes terrains défrichés, des landes transformées en forêts, de champs de bruyères et de pâtures vaines et vagues convertis en vignobles, en guérets, en prairies, témoignent des efforts du gouvernement impérial pour la prospérité agricole. Il encourageait les savants à étudier les maladies qui détruisaient les récoltes afin d'y apporter des remèdes efficaces. Les terres humides et basses étaient assainies ; par le drainage, les terres épuisées étaient rendues de nouveau fécondes par des engrais récemment découverts ou par des procédés de culture ; les montagnes reboisées enrichissaient les communes, empêchaient les inondations et les dévastations des campagnes, retenaient les eaux sur les hauteurs, alimentaient les sources, favorisaient les pluies et purifiaient l'air.

Mais on ne se contenta pas d'améliorer le terrain, on fonda diverses sociétés financières pour fournir, les unes, des instruments de travail aux paysans, comme des outils aux ouvriers des villes ; les autres, des fonds aux propriétaires pour l'acquisition, la conservation et l'amélioration de leurs champs ; d'autres enfin, pour indemniser les cultivateurs des pertes que leur occasionnaient la grêle, les inondations, la mortalité des bestiaux, les incendies, les sinistres et tous les accidents de la température.

En même temps des machines commodes diminuaient les fatigues du laboureur et multipliaient ses forces. On lui donnait ainsi le moyen de cultiver les jachères et d'accroître ses récoltes et ses richesses, sans augmenter ses impôts et ses biens.

Il apprenait encore les procédés ingénieux et simples d'avoir tout ensemble les plus abondants et les meilleurs produits.

CHAPITRE IX. — **L'Industrie.**

L'industrie, comme l'agriculture, suivait, sous la protection de l'Empire une marche ascendante. Cependant, autant il serait injuste de méconnaître ses services, autant il serait faux de lui attribuer tous les progrès accomplis. Le mouvement avait été donné sous la Restauration, et il s'était poursuivi avec une rapidité prodigieuse sous les autres gouvernements.

La passion des richesses si naturelle aux hommes qui trouvent par elles les honneurs, les commodités, les plaisirs, avait été encore excitée par la loi électorale, basée sur le cens.

A la faveur des subventions de l'État et des

moyens de transport qui apportent en un moment les matières premières aux usines et aux ateliers, et qui en expédient les produits avec la même promptitude ; grâce encore aux sociétés industrielles qui réunissaient des capitaux fabuleux pour de vastes exploitations ; enfin, à l'aide des machines perfectionnées qui élargissaient le temps, suppléaient au manque de bras, multipliaient le travail et lui donnaient une perfection inconnue jusque-là, toutes les branches de l'industrie prospérèrent extraordinairement.

Quoique tous les gouvernements qui se sont succédé en France depuis le commencement du siècle, aient rivalisé de zèle pour seconder l'industrie nationale, elle est loin d'atteindre sur tous les points les progrès de l'industrie étrangère et surtout ceux de l'industrie anglaise, dont les machines infinies lui permettent de produire beaucoup et à bon marché. Néanmoins par son goût exquis, par la finesse de ses tissus, par la beauté des dessins, elle tient le premier rang dans le monde. Mais si la royauté a développé l'industrie par sagesse, on peut dire que le premier Empire, fidèle à son principe de violence, la fit renaître par un acte de despotisme. Le blocus continental, ayant prohibé violemment les marchandises anglaises, réduisit la France et le reste de l'Europe à leurs propres ressources, et à créer des fabriques de toutes sortes. Le second Empire a développé également l'industrie par la violence : en donnant libre entrée aux produits étrangers, il obligea par force les industriels qui ne voulaient pas périr à trouver les moyens de lutter avec leurs rivaux. Ainsi, par une bizarre contradiction, autant le premier Empire avait nui à l'Angleterre par le blocus, autant le second Empire lui était favorable par le libre échange où notre voisin a tout à gagner. C'est sa politique.

Grâce au monopole que Napoléon Ier accordait aux industriels français, les industries reprirent une nouvelle vigueur ; après l'éclipse qu'elles avaient subie pendant les troubles de la Révolution, elles semblèrent répandre un éclat plus vif que jamais. L'Espagne, l'Italie, l'Allemagne, se disputèrent nos étoffes de lin, de coton, de drap, de soie ; tous les marchés d'Europe étaient pleins de nos soieries. Nos fabricants de draps, ayant l'avantage de la matière première, produisaient les étoffes les plus estimées pour la délicatesse et la solidité, et pour l'agrément du dessin exécuté avec le goût le plus exquis. Nos fers, exempts de la concurrence des fers anglais, se perfectionnaient chaque jour. Les nécessités du blocus continental donnèrent aussi naissance à des industries nouvelles. On inventa des machines à tisser et à filer le lin, le coton, le chanvre. La soie fut pareillement mise en œuvre par des procédés nouveaux.

CHAPITRE X. — Le commerce.

Mais le décret impérial, daté de Berlin, inaugurait un système d'une violence inouïe : tous les intérêts commerciaux des nations européennes en souffraient ; le droit des gens était foulé aux pieds ; il imposait des sacrifices qui furent ressentis jusqu'au fond des chaumières. Le commerce maritime, déjà faible auparavant, se trouva complétement ruiné. Napoléon Ier, dans sa folle obstination repoussa, comme impossible, sans l'avoir examinée, la belle découverte des bateaux à vapeur, qui lui aurait donné immédiatement l'empire des mers et des terres, et aurait, dès son règne, porté le commerce à son apogée. Tout occupé de ses guerres interminables, qu'il se suscitait souvent à plaisir, il laissa languir, comme beaucoup d'autres choses, cette branche de la fortune publique. Ainsi, il ne s'occupa des champs que pour en tirer de l'argent et des hommes.

Dans la première partie du règne de Napoléon III, le commerce, confiant dans l'ordre et comptant sur la fermeté du prince, eut une ère de prospérité. Le gouvernement chercha tout d'abord par des travaux d'utilité publique à se faire pardonner le crime de son origine ; il s'empressa d'agrandir les ports, d'améliorer les voies navigables, de construire des routes et des chemins de fer ; il favorisa et seconda les sociétés de crédit, qui multiplient la puissance des négociants. Mais, dans la seconde partie de son règne, le commerce retomba dans le malaise à mesure qu'il laissa reprendre force aux idées révolutionnaires. Ce qui démontre qu'un gouvernement fait plus pour la prospérité du pays par de bons principes que par de grands travaux.

CHAPITRE XI. — **Les finances.**

Un seul mot pourrait suffire à faire comprendre comment les finances étaient administrées sous l'Empire. Il partait de ce principe que plus un gouvernement doit, plus il y a des gens intéressés à le soutenir. On augmentait chaque année les impôts, on faisait des emprunts incessants, on multipliait les emplois, on élevait progressivement les traitements ; enfin nulle économie.

Sous la royauté, quand le peuple gémissait des abus des magistrats, il s'écriait pour se consoler : Ah ! si le Roi le savait !

Sous l'Empire, le chef du pouvoir connaît toutes les malversations de ses administrateurs ; et non-seulement il les tolère, mais il les entretient et les engendre. Quelles plus scandaleuses déprédations des finances ! quels plus honteux marchés ! quel plus mauvais système pour le bon emploi des deniers publics que celui qui permet aux ministres, aux préfets, les mandats fictifs et les virements de fonds ! Aussi le gaspillage était organisé et pratiqué sur une vaste échelle au su et au vu du gouvernement, tellement qu'on a pu accuser, et cela avec quelque apparence de raison, l'Empereur lui-même d'être le premier voleur des deniers publics.

Quand Louis XIV apprit que le surintendant Fouquet gaspillait les revenus de l'État, il s'empressa de lui faire son procès et le remplaça par le célèbre Colbert. L'Empire n'a jamais suivi cet exemple. Pourtant les coupables ne manquaient pas, s'il avait voulu les trouver. Mais c'était à son ombre que florissait ce système odieux de vénalité ; les plus coupables étaient les grands noms qui abritaient les noms des fournisseurs subalternes. Quelle politique malhonnête ! Est-ce que le premier devoir d'un gouvernement quelconque n'est pas de protéger la fortune publique, comme elle devrait l'être ? Mais l'Empire avait si peu de souci de sa dignité et de son devoir, qu'il ne suivait pas même les premières notions de la raison, dans le choix de ses fournisseurs. Au lieu de passer directement ses marchés avec des maisons de commerce spéciales et honorables, il s'adressait à des intermédiaires qui ne méritaient sa confiance ni par leur spécialité, ni par leur passé.

Aussi était-il trompé et sur la quantité, et sur la qualité, et sur le poids des marchandises fournies. Il est donc permis d'affirmer que s'il était trompé, c'est qu'il voulait bien l'être.

Mais le plus grave reproche que puisse encourir un gouvernement, ce n'est pas tant que le vol soit pratiqué sous son autorité par des agents infidèles ; tout le monde sait, hélas ! que la surveillance n'échappe pas toujours à la ruse d'un homme qui veut trahir votre confiance ; le grand crime de l'Empire, c'était de ne pas réprimer les coupables. Au contraire, parfois même il récompensait certains agents signalés pour leur mauvaise conduite, Le duc d'Audiffret-Pasquier affirmait à la tribune, pièces en mains, que telle était la susceptibilité des chefs qu'ils se croyaient offensés, quand un de leurs subalternes était compromis ; au point qu'ils refusaient de déposer contre lui, croyant leur honneur en jeu, et le compromettant beaucoup plus par cette réserve inopportune.

Les escroqueries de ses fournisseurs, les grosses pensions de ses nombreux serviteurs, ne seraient encore rien pour la France. Le vrai crime de l'Empire, c'est d'avoir dépensé des millions à des expéditions inutiles, et même nuisibles à l'honneur ou à l'intérêt de la nation. L'Italie et le Mexique nous ont absorbé des sommes fabuleuses. Enfin, il a fallu engloutir de grandes quantités d'or dans des travaux gigantesques entrepris moins dans l'intérêt du pays que pour donner du pain à cette multitude d'ouvriers qu'il avait d'abord attirés imprudemment dans les villes, et dont il ne pouvait plus se débarrasser.

CHAPITRE XII. — **La guerre.**

Les déprédations des finances ont amené la France au point fatal où la Prusse l'a trouvée dans la dernière guerre. Les arsenaux étaient vides ; les fusils et les canons manquaient ; les régiments ne comptaient pas le nombre d'hommes réglementaire.

Les millions que l'Assemblée législative votait chaque année pour l'armement et l'approvisement, on semblait rivaliser à qui les gaspillerait le plus vite. Aussi, j'avais bien raison de dire : Quand l'Empire n'est pas la guerre, il ne tarde pas d'être la corruption. Il est d'autant plus impardonnable de n'être pas toujours prêt à la guerre, qu'il manque au principe de son origine et court de lui-même à sa ruine. Le second Empire nous a donné un exemple de cette vérité par la catastrophe épouvantable qui l'a renversé. Tant qu'il a fait la guerre en s'y préparant de longue main, le prestige de la gloire, si puissant sur l'esprit français, donna au gouvernement de Napoléon III la stabilité merveilleuse que nous lui avons vue jusque dans les faiblesses de la décadence. Ce prince avait besoin plus que personne de chercher dans les champs de bataille l'appui de son trône, qu'il n'avait obtenu de la faveur populaire qu'en souvenir de son oncle ; car ses propres exploits, loin de le servir, étaient de nature à le perdre dans l'esprit d'une nation généreuse, mais vaniteuse. On le sait par expérience, la France se soumet volontiers au génie ou à la vertu. L'histoire de ces derniers temps nous montre avec évidence ce côté du caractère national. Napoléon Ier, Lamartine, Thiers, voilà pour le génie ; Henri V, vers lequel elle aspire maintenant, voilà pour la vertu !

Quoique l'Empire repose sur un des caractères du peuple français, qui est la valeur guerrière, cette forme de gouvernement ne lui convient pas parce qu'il exagère ce sentiment.

Napoléon Ier, après avoir triomphé des coalitions de l'Europe, ne sut pas jouir en paix du fruit de ses victoires ; bientôt l'intérêt de la France fut sacrifié aux rêves de son ambition démesurée. Il ne se donna ni trêve ni repos qu'il n'eût conquis des royaumes à ses frères et sœurs, ou qu'il n'eût contraint toutes les puissances à seconder ses desseins les plus chimériques. Par cette politique, toute dynastique et capricieuse, les nations voisines devinrent les ennemies acharnées de la France en haine du nom de Napoléon. Son expédition de Russie et sa conquête d'Espagne, considérées en elles-mêmes, indépendamment des revers qu'il y essuya, furent le comble de la folie. Ainsi, le premier Empire a péri par l'exagération du principe de sa solidité ; le second a péri par l'abandon du principe de son existence. Mais ce dernier point est plus apparent que réel. La cause profonde de sa ruine date de plus haut et provient effectivement de l'exagération de sa force, dans la question de l'unité italienne.

Dans les premières années de son règne, Napoléon III comprit son devoir, son intérêt, et la politique naturelle de la France. Il rétablit la Papauté dans son pouvoir temporel ; il releva l'honneur des armes françaises par la guerre de Crimée, en même temps qu'il maintenait l'équilibre européen en s'opposant à l'agrandissement de la Russie. Mais sa guerre d'Italie, quelque glorieuse qu'elle soit pour nos armées, ne mérite que le blâme au point de vue politique : elle consacrait le faux principe des nationalités, qui nous a perdus, et elle détruisait les petits États qui sont les remparts de la France.

Enfin, c'est à l'Empire que nous devons ces armées permanentes, prodigieuses, dont l'entretien sera la ruine de la nation. Pour avoir de gros bataillons, Napoléon Ier établit la conscription, qui enleva de force aux champs et aux ateliers, aux usines et aux écoles, les hommes les moins propres au métier des armes. Cette politique, suivie forcément par les autres nations, a transformé de nos jours l'Europe en une immense caserne. Le service obligatoire pour tout le monde, qui paraît la plus monstrueuse des servitudes, est devenu l'unique moyen de salut. Ainsi, ce que Napoléon Ier avait seulement rendu possible par l'accroissement progressif de ses bataillons, Napoléon III l'a rendu nécessaire par le principe des nationalités et par sa politique indéfinissable, bizarre mélange de défaillance et de témérité.

CHAPITRE XIII. — **Les alliances.**

En ruinant les petits États, l'Empire perdait toutes ses alliances naturelles ; il permettait au Piémont de s'emparer des duchés de Parme et de Toscane, du royaume de Naples et des États de l'Église. Mais, comme il ne satisfaisait pas assez vite toutes les aspirations du Piémont, il ne parvenait pas à se l'attacher par la reconnaissance. En effet, la rancune d'une résistance apparente amena l'ingratitude la plus noire. Par sa passion d'agrandir l'Italie, il perdait l'alliance de l'Autriche dont nous n'avions plus rien à craindre, en même temps qu'il formait à nos portes une nation redoutable par son unité. Il ne protégeait pas mieux les petits royaumes allemands contre l'ambition de la Prusse, que ceux de l'Italie contre l'usurpation du Piémont. Ainsi périssaient des alliances séculaires. Les prétentions de l'Empire sur la Belgique nous aliénaient naturellement une nation amie.

La Pologne, si dévouée à la France, ne trouva jamais dans nos empereurs le secours qu'elle était en droit d'en attendre, après leurs victoires remportées sur ses oppresseurs. On aurait dit que Napoléon prenait plaisir à s'isoler et à rester seul contre tous, afin peut-être d'avoir plus de gloire à les vaincre.

Enfin, il ne sut se faire des alliés nulle part, ni des Danois, ni des Suédois et des Anglais au Nord, ni des Autrichiens, des Bavarois et des Italiens à l'Est, ni des Espagnols et des Portugais au Midi. Son alliance passagère avec l'Angleterre fut tout à notre détriment. Il n'avait pas compris que la France, dans sa position géographique, ne peut entreprendre sagement la guerre sans alliés. Néanmoins, il soulevait les questions les plus formidables, il déclarait les guerres les plus terribles, sans se mettre en peine de profiter des solutions des unes, ni se préparer à soutenir les autres.

LIVRE QUATRIÈME

LA POLITIQUE NATURELLE DE LA ROYAUTÉ

CHAPITRE PREMIER. — **Les caractères.**

Chaque forme de gouvernement, selon le plus ou moins de fidélité à son principe se maintient, s'égare et tombe dans un excès ou dans l'autre : la République dégénère en anarchie ou en tyrannie ; l'Empire en despotisme ou en corruption. La royauté se conserve beaucoup plus facilement dans sa nature ; en vertu même de son essence elle n'arrive jamais à des excès bien dangereux. Il va sans dire que je parle de la royauté chrétienne, et non pas des rois païens, tels qu'ont été les tyrans de Sicile. Tout ce qu'il y a à craindre des rois chrétiens, c'est que, par trop d'amour de l'autorité, ils se rendent absolus, ou que, par trop de bonté pour le peuple, ils ne tombent dans la faiblesse. Mais le bien qui sort même de ces deux excès compense et au delà les maux qu'ils occasionnent. L'absolutisme royal, en concentrant le pouvoir plus que ne le permettent les lois fondamentales, sans toutefois aller jusqu'au despotisme, amène la nation à l'apogée de la puissance et à l'efflorescence de la gloire. La faiblesse d'un roi introduit une certaine licence parmi le peuple mais le dégoût qu'elle lui inspire bientôt le porte à s'attacher avec un zèle nouveau à l'autorité pour le roi suivant, l'expérience du désordre lui faisant mieux apprécier les avantages de l'ordre, et par lui-même et par son contraire. Que si les rois persévèrent dans leur faiblesse pendant une longue suite de générations, il survient un changement de dynastie, et la royauté rentre dans son essence primitive.

Sous l'autorité des rois, il règne toujours une sage liberté; le principe de cette forme de gouvernement étant d'accorder au peuple tout ce qui peut le rendre heureux, tout ce qui peut faire plaisir à tout le monde, sans nuire à personne, chaque citoyen possède l'initiative du bien sous la protection des lois.

Les rois tirent leurs pouvoirs du principe de la famille; ils sont les chefs du peuple, et se regardent avec raison comme les pères de leurs sujets; leur gloire et leurs intérêts sont inséparables de la grandeur et des avantages de la nation. En travaillant pour le bien du peuple, ils assurent celui de leur famille, et en ne cherchant en apparence que le bien de leur famille, ils trouvent encore celui du peuple. Un père qui tient les ennemis éloignés de sa maison, qui ménage ses finances, développe son commerce, cultive ses terres, châtie un enfant indocile, maintient l'ordre, la religion, les bonnes mœurs parmi les autres, ne croit pas séparer ses intérêts de ceux de sa famille tout entière. Telle est la mission des rois au milieu de leurs peuples. Au fait, ce n'est pas le retour à la monarchie absolue que nous voulons, mais à la monarchie tempérée, constitutionnelle, qui était de tradition en France jusqu'à Louis XIV, qui, interrompue un instant, allait être reprise sous Louis XVI, sans les violences des révolutionnaires, et qui enfin fut rétablie sous la Restauration.

Je ne m'amuserai pas ici à répéter les belles paroles des philosophes sur les mérites et les excellences de la royauté. Ils ont beau dire avec Homère : « Plusieurs princes n'est pas une bonne chose ; qu'il n'y ait qu'un prince et un roi : » avec Hérodote : « La monarchie est le meilleur gouvernement ; » avec Platon : « Un bon roi est un Dieu parmi les hommes ; » avec Tacite : « Il vaut mieux recevoir un souverain que le chercher ; » avec Tite-Live : « La monarchie est la plus belle chose qui existe au ciel et sur la terre ; » ce n'est plus avec de telles sentences, quoique dictées par la sagesse, le génie, l'expérience et la raison, qu'on mène les peuples.

La monarchie est la source de l'ordre : le roi considéré comme l'unique dépositaire de l'autorité, la partage sans violence avec tous ceux qui reçoivent de lui quelque commandement. Ainsi tout découle de sa plénitude ; les juges, les préfets, les généraux empruntent leur autorité de la sienne. Dès lors, plus de brigues, plus de cabales, plus de corruption, plus de causes de divisions, plus de causes de troubles parmi les citoyens pour nommer leurs magistrats. Il n'y a jamais de doute pour savoir à qui revient le souverain pouvoir ; la nation même désigne le roi.

Dans la République où domine le principe d'élection avec la souveraineté du peuple, quelle cruelle situation pour la partie de la nation contrainte d'obéir à un citoyen qu'elle a rejeté par ses suffrages, en qui elle n'a pas de confiance ou qu'elle méprise et déteste à cause de ses vices. Il y a là-dessous le danger sans cesse menaçant d'une guerre civile, et qui n'attend pour éctater qu'un homme disposé à se mettre à la tête des mécontents.

Je sais bien que le cas serait différent si les électeurs n'avaient jamais à choisir qu'entre des hommes également vertueux, également dignes par conséquent de l'autorité et de la confiance. Mais ce qui peut avoir lieu dans une société d'élite, dans quelque réunion particulière, est impossible dans une nation corrompue. En France, de nos jours, les suffrages du peuple se partagent entre des hommes dont l'un professe les principes conservateurs et l'autre les principe radicaux. Evidemment les conservateurs gémissent de se trouver placés entre ces deux alternatives : ou de se révolter pour défendre leurs droits, ou de se soumettre à des hommes qui rêvent de les ruiner.

Au contraire, sous la royauté, chacun obéit avec plaisir au chef envoyé par le roi, ou du moins personne ne peut se plaindre raisonnablement, puisqu'on ne veut que lui faire du bien.

Les lois sont exécutées, tous les principes de la morale sont en honneur. L'agriculteur est sûr de manger les fruits de ses arbres ; le rentier, de jouir de ses revenus ; l'industriel, de vendre ses produits ; le négociant, de n'être pas troublé dans son commerce.

La famille est défendue dans ses droits, soutenue dans ses devoirs, honorée pour ses vertus, récompensée pour ses actes de dévouement. Tout ce qui viendrait troubler cet ordre tombe immédiatement sous le coup de la vindicte publique. La justice cependant, quoique ferme, constante, sévère, ne laisse pas d'être prudente et clémente. Tous les gouvernements se vantent d'obtenir ces résultats. Mais le radicalisme les obtiendrait-il, lui qui prétend tout renverser : religion, famille, propriété, société? La République honnête même les obtiendrait-elle, elle qui établit la loi des suspects, la loi de la victoire, la loi du maximum, la loi du tiers consolidé, c'est-à-dire la banqueroute des deux autres tiers, la loi du divorce, et autres lois odieuses ? L'Empire les obtiendrait-il, lui qui a décrété la conscription, l'Université, le blocus continuental et plus tard le libre échange, c'est-à-dire la fortune de l'Angleterre et la ruine de l'industrie française ; lui qui a maintenu la loi du divorce, qui a écrasé la France sous le poids de guerres folles, honteuses, et d'invasions épouvantables, qui a tenu l'industrie et le commerce en alarmes et en suspicion par la loi des coalitions ; qui a corrompu la nation de mille manières. Ainsi, l'Empire, sous les noms d'ordre, de paix et de prospérité, nous donne la guerre, la corruption et la ruine ; la République, sous les noms de liberté, d'égalité et de fraternité, tente le renversement de l'ordre social actuel pour y substituer le sien.

Quand leur envie des honneurs sera satisfaite, quand leur soif des richesses aura été rassasiée, quand ils promèneront leurs dames et leurs demoiselles dans les propriétés des conservateurs devenus leurs ilotes, alors les radicaux, changeant de langage, soutiendront la vérité des thèses qu'ils combattent aujourd'hui.

La République et l'Empire semblent se donner le mot pour établir le divorce et propager la corruption, pire que le divorce.

Par le divorce, la femme devient l'esclave de l'homme ou simplement une fille de joie qu'on renvoie quand elle ne plaît plus; par la corruption, elle n'est plus que le souffre-douleur du mari, qui porte ailleurs ses affections, son argent et sa santé. Pour la royauté chrétienne, elle prend rang à l'égal du mari : elle est la compagne de sa vie, la gloire de sa maison, la consolation et le soutien de ses enfants. Ainsi le principe de cette forme de gouvernement en fait le protecteur de tout l'ordre social. C'est pourquoi la France a toujours trouvé dans la royauté, la gloire, la paix, la prospérité, la considération, le respect des bonnes mœurs, et de la religion, et de la famille, la défense et le développement de tous les intérêts de la nation. Mais la royauté est comme le ciel où certains esprits craignent d'être, de peur sans doute de s'y ennuyer.

CHAPITRE II. — **La Constitution.**

Par son passé, la France est rivée à la monarchie ; elle a vécu quatorze siècles sous ce régime, et quelques efforts que puissent faire, pour l'en détacher, des hommes turbulents et audacieux, elle y revient avec joie et par nécessité comme un membre disloqué revient à sa place naturelle. Elle ne se sent heureuse et n'espère quelque repos et quelque grandeur que sous le gouvernement d'un monarque. Plutôt que de demeurer en république elle préfère se soumettre à un empereur, parce qu'il lui rend une ombre de la royauté.

Un peuple, pas plus qu'un individu, ne se donne sa constitution ; il la reçoit pour ainsi dire des mains de la nature. Le temps seul peut y apporter quelque faible changement, sans toucher au fond des choses, sous peine de violenter la nature et d'occasionner la mort. On ne se fonde pas une constitution nationale en vingt-quatre heures, disait Lamennais. Il ne suffit pas qu'elle soit écrite sur le papier : il faut encore qu'elle soit gravée dans les cœurs. Sans cela, point de vie, point de force, point de durée. C'est pourquoi il n'y a qu'un roi dont les ancêtres ont fondé la France qui puisse la conduire par la douceur de l'autorité et de la liberté.

« Le président des Etats-Unis n'a pas fait la nation, dit M. Renan, tandis que le roi a fait la nation. La royauté est ainsi un fait divin pour ceux qui croient au surnaturel, un fait historique pour ceux qui n'y croient pas. La volonté actuelle de la nation, le plébiscite sérieusement pratiqué ne suffisent pas. Donnez à la France un roi jeune, sérieux, austère en ses mœurs, qu'il règne cinquante ans, qu'il groupe autour de lui les hommes âpres au travail, fanatiques de leur œuvre, et la France aura encore un siècle de gloire et de prospérité. »

Deux fois la France est tombée en République et deux fois elle n'est sortie de l'anarchie où l'avait jetée cette forme de gouvernement que par le sabre d'un despote. Or, l'homme dont le sabre a vaincu un peuple en délire, ne peut pas le gouverner par la liberté. Le roi est comme le père ; l'empereur, c'est le général au milieu de son armée. D'un côté, tous les agréments de la société la plus charmante et la plus aimable ; de l'autre, toutes les rudesses du commandement. Si ces deux gouvernements abandonnent les principes de leur origine, celui-ci s'écroule par la faiblesse qui est l'excès de la douceur ; celui-là, par la corruption qui est l'excès le plus criant et le plus révoltant du despotisme. Ainsi on peut voir facilement l'excellence de la royauté sur l'Empire, seulement aux causes respectives de leur chute.

CHAPITRE III. — L'administration.

La France a reçu des mains de ses rois cette unité et cette puissance qui la rendaient invincible contre les forces de l'Europe coalisée. La dynastie capétienne, en montant sur le trône, comprit que son royaume ne serait grand, prospère, florissant et glorieux, que le jour où chaque province aurait abdiqué son indépendance, tout en conservant ses libertés, et obéirait aux volontés du souverain. Animés de cette pensée, les rois se mirent à abattre la fierté des vassaux qui jouaient à l'indépendance dans leurs vastes domaines et érigeaient de petits royaumes à côté de celui du roi dont néanmoins ils se sentaient dépendre. Avec une habileté qu'on ne saurait trop admirer, ils ôtèrent peu à peu leur autorité à ces comtes, à ces ducs, à ces princes. Ainsi, avec le temps, les provinces étaient réunies sans violence à la couronne. Mais les rois eurent soin de laisser leurs titres à ces grands seigneurs, qui de la sorte s'apercevaient moins du changement ; leurs grands noms leur étaient encore une consolation, en même temps qu'un avertissement continuel de se montrer aussi intrépides au service du roi qu'ils l'avaient été jadis dans l'intérêt de leurs propres couronnes. Enfin, pour donner un solide fondement aux libertés nationales et provinciales, ils secondèrent de tout leur pouvoir l'affranchissement des communes. Ainsi fut opéré sans secousse trop douloureuse le passage de la féodalité à la monarchie tempérée.

Une fois l'unité conquise, les rois s'appliquèrent d'une manière plus particulière à faire fleurir le commerce, l'industrie, l'agriculture, les sciences et les arts et tout ce qui devait mettre la France à la tête de l'Europe. Grâce à cette applicationconstante et intelligente des rois à procurer la prospérité et la grandeur de la nation, elle fut environnée bientôt de toutes les auréoles de gloire.

Mais aussi, quel soin, quelle vigilance dans le choix des hommes appelés à prendre part à la direction des affaires! Sous aucun gouvernement plus que sous la royauté, gardienne de tous les principes sociaux, la liberté de chacun, malgré des abus que ses adversaires s'ingénient à exagérer, ne fut plus réellement sous la sauvegarde des lois. Les juges et les procureurs choisis toujours parmi les hommes les plus vertueux et les plus instruits, pleins de cette idée que la justice est un sacerdoce, et le tribunal, un temple, rendaient leurs jugements avec toute l'équité et l'impartialité qu'on peut attendre d'une raison droite et d'une âme consciencieuse.

Aussi, de tout temps en France la magistrature a jeté un très-vif éclat par son intégrité, son indépendance et sa science profonde. Car c'est un des caractères de la Royauté française d'aimer les juges non-seulement instruits, intègres, austères en leurs mœurs, mais encore indépendants. C'est pourquoi nos magistrats ont toujours été asservis aux lois, jamais aux rois.

Si l'on a un reproche à leur adresser, ce n'est pas certes d'avoir été serviles, mais bien au contraire d'avoir poussé l'indépendance dont on les laissait jouir, comme étant l'auréole de leur dignité, jusqu'à l'usurpation de la souveraineté elle-même. Sous les rois faibles, ils allèrent souvent au delà de leurs droits ; sous les rois forts ils se tinrent dans les limites de leurs fonctions honorables. La magistrature française garda même pendant le règne de Louis XIV, devant lequel tout semblait plier, une noble indépendance. Mais pourquoi s'arrêter à ces temps déjà si éloignés de nous? pour nous faire aimer la justice royale, il suffit de nous rappeler les belles années de la Restauration.

Si je ne savais que toutes les comparaisons entre les personnes sont odieuses, je mettrais en regard les noms des magistrats de la Royauté et de la République; mais je ne veux pas soulever des haines. Je m'en tiens aux principes de chaque gouvernement, et cela me suffit pour montrer que la Royauté doit former les meilleurs magistrats. La Royauté s'appuie sur les vertus et les talents, l'Empire, sur la servilité, la République sur la passion ou tout au moins sur la partialité. « Le roi toujours soumis aux lois, disait-on anciennement, n'a puissance de faire toutes choses à son gré. » Il ne pouvait violer les lois du royaume et il ne pouvait quelque chose que sur les lois du roi. Et encore, quand il les portait, des magistrats inamovibles, et par conséquent libres de toute influence royale, étaient chargés d'examiner ces lois du roi et de voir si elles n'avaient rien de contraire aux lois du royaume. Ainsi le chancelier de l'Hospital, adressant la parole au parlement de Paris en 1561, lui disait: « Les magistrats ne doivent point se laisser intimider par le courroux passager des souverains, ni par la crainte des disgrâces, mais avoir toujours présent le serment qu'ils ont fait d'êtres les gardiens des lois du royaume. »

Louis XIV lui-même, le plus puissant monarque, reconnut le droit de libre vérification et il ordonna à ses magistrats de lui désobéir sous peine de désobéissance, s'il leur adressait des commandements contraires à la loi. Cet ordre n'est point un jeu de mots, ajoute de Maistre, le roi défend ici d'obéir à l'homme ; il n'a pas de plus grand ennemi. Le roi, pour les causes qui le concernent, est obligé de plaider devant les tribunaux, comme un simple particulier, et on l'a vu condamné à payer la dîme des fruits de son jardin.

Aujourd'hui avec les Chambres législatives il n'y a pas à craindre que le roi impose ses volontés comme lois ; il suffit que pour faire exécuter les lois il cherche des hommes de mœurs austères, ennemis de tout crime et de toute illégalité, et qu'il donne le moyen aux jeunes candidats de faire des études sincères, sérieuses, profondes.

Le Parlement étant le corps le plus instruit, le plus vertueux, le plus ami du bien public, de la royauté et de la liberté des citoyens, les meilleurs conseillers de la couronne sortaient de son sein. Les rois trouvaient aussi de fidèles ministres dans la classe bourgeoise, moins infatuée d'elle-même et plus appliquée au travail que la noblesse. Mais ils s'entouraient de la noblesse, comme d'une auréole de grandeur. Des appareils de fêtes et de vains titres suffisaient pour tenir dans le devoir ces grands seigneurs, dont la plupart se rappelaient que leurs ancêtres avaient marché à l'égal des rois, et qui se plaisaient à conserver un reste de cette égalité dans leurs paroles et leurs démarches. Cette noblesse, non-seulement contribuait à entretenir dans l'esprit du roi la pensée de la liberté, mais elle procurait un autre avantage non moins précieux : en soutenant le roi dans une sphère supérieure, loin des regards du peuple et bien au-dessus de sa tête, elle lui attirait un plus grand respect : on porte une vénération plus vive à ce que l'on contemple dans un éloignement mystérieux. L'autorité avait alors un caractère plus sacré ; car, il n'est que trop vrai que le peuple méprise bientôt ce qu'il voit de trop près.

Je suis loin de désirer le retour à cet ancien ordre de choses. Je préfère de beaucoup celui adopté par les rois de la Restauration et que promet de suivre le descendant de Charles X ; cet ordre qui consiste à s'appuyer moins sur la noblesse de la naissance, que sur celle de l'esprit, et à s'aider « du concours de tous les talents, de toutes les capacités, de tous les caractères honorables, de tous les cœurs qui aiment sincèrement leur patrie ; de tous les hommes utiles et dévoués, quel qu'ait été leur passé, à quelque nuance d'opinion qu'ils aient appartenu. »

Ainsi les rois se font un point d'honneur d'appeler aux emplois publics des hommes que leur âge, leurs mérites, rendent respectables et recommandables ; ils ne dédaignent pas non plus de considérer la vertu, parce qu'ils savent quel empire la vertu exerce sur tous les cœurs. « L'honnêteté, dit le comte de Chambord, n'est pas moins une obligation dans la vie publique que dans la vie privée. » Pour la monarchie traditionnelle, gouverner, c'est s'appuyer sur les vertus de la France; c'est développer tous ses nobles instincts; c'est vouloir qu'elle soit la première par la foi, par la puissance et par l'honneur. Si chaque préfet suivait, dans son département, l'esprit qu'il y a fait envoyer, il verrait, dans son emploi, moins des richesses et des honneurs à recevoir, qu'une sorte d'apostolat à remplir; car les peuples sont en droit d'attendre le bon exemple de leurs chefs. En de telles mains, l'autorité ne dégénère ni en faiblesse, ni en tyrannie; elle n'excite ni l'envie, ni le mépris; mais elle s'impose de tout le poids que le respect ajoute à la puissance. C'est ainsi que, par la force de son principe, la royauté maintient l'ordre, la religion, les bonnes mœurs, le respect de l'autorité, la liberté des personnes, la protection de tous les intérêts. Toute infraction à ces principes ne peut provenir que de quelques individus isolés, entraînés par leur méchanceté ou leur aveuglement. Mais perdus au milieu de la multitude fidèle à ses devoirs, ils ne tardent pas d'être ramenés à l'ordre par une ferme et prompte justice.

Au contraire, la force du principe républicain, telle qu'il est compris en France, tend à troubler constamment la tranquillité publique, à mépriser ou tout au moins à entraver la religion, à corrompre les mœurs par la licence de tout dire, de tout faire, de tout écrire, à rabaisser l'autorité par l'insubordination et le mépris, à gêner la liberté des personnes par l'impunité qu'on assure aux méchants et dont ils profitent. Pour faire paraître quelque modération et quelque honnêteté, il faut que les républicains fassent violence à leur nature, et sortent pour ainsi dire de leurs principes.

Il est bien évident que je n'entends pas parler des idéologues, mais des hommes d'action, parce qu'en définitive, il n'y a que ces derniers qui fondent la République et la gouvernent.

CHAPITRE IV. — **La prospérité.**

S'il suffit, de nos jours, à la France, pour être prospère, que le gouvernement assure l'ordre et la confiance, quel moyen plus simple que de revenir à la monarchie? Ici j'en appelle au témoignage de tous les commerçants, de tous les industriels, de tous les financiers, de tous les agriculteurs, en quels temps les affaires ont-elles mieux prospéré? n'est-ce pas sous les règnes de Louis XVIII, de Charles X, de Louis-Philippe, de Napoléon III, même dans ses premières années, lorsqu'il suivit pour ainsi dire une politique royale? En quel temps ont-elles souffert? n'est-ce pas sous la République et dans les dernières années de Napoléon III, lorsqu'il suivait une politique révolutionnaire, et de nos jours, sous le provisoire républicain?

Mais, non contents d'assurer à leurs sujets, la libre faculté de s'enrichir, les rois comprirent de bonne heure l'obligation où ils étaient de travailler par eux-mêmes à développer les sources de la richesse publique. Que ne fit pas Sully dans l'intérêt de l'agriculture? quels services n'aurait-il pas rendus à l'industrie, au commerce, s'il était entré dans les grandes idées d'Henri IV? Ce roi disait qu'il fallait que la France se suffit par son travail et qu'elle ne fût pas obligée d'avoir recours à l'étranger pour les choses nécessaires à la vie et au bien-être de ses citoyens. Colbert, sous Louis XIV, sut donner à tout une impulsion puissante : des canaux furent creusés, soit pour arroser les terres, soit pour faciliter les transports des marchandises ; les chemins, devenus impraticables, furent réparés; d'autres furent ouverts ; les impôts qui pesaient sur les agriculteurs, furent diminués ; de vastes terrains, jusque-là laissés en friche, furent cultivés. Les produits du sol augmentèrent de valeur par la liberté de les transporter d'une province à une autre en toute franchise.

Ce que fit Colbert pour le commerce et l'industrie est encore plus prodigieux. Il créa les compagnies des Deux-Indes; il organisa celle des côtes d'Afrique; il multiplia les colonies : les unes allèrent peupler la Guyanne, d'autres le Canada, l'Indoustan; une autre s'établit à Madagascar. Mais ce qui vaut encore mieux, c'est le soin qu'il mit à faire des lois sages pour tenir toutes les colonies unies à la métropole. Il créa, en faveur des villes maritimes, une Chambre générale d'assurances et une Chambre de commerce où tous les négociants les plus habiles furent appelés à indiquer les meilleurs moyens d'augmenter la prospérité nationale.

La ville de Dunkerque, qu'il racheta des Anglais, devint le centre du commerce avec le

Nord, et celle de Marseille, à laquelle on accorda de nombreuses franchises, attira tout le commeree du Levant. Sous le ministère de Colbert, la marine marchande et militaire put bientôt rivaliser avec celles des Anglais et des Hollandais, et partager avec ces deux puissantes nations l'empire de la mer.

Cet habile ministre, comprenant que la puissance résiderait désormais dans le commerce et la marine, s'appliqua à rétablir les ports de Brest, de Toulon et de Rochefort, à fortifier ceux du Havre et de Dunkerque. Il fit construire des vaisseaux plus forts et plus grands que ceux de nos rivaux les Anglais et les Hollandais. En 1672, la France comptait déjà soixante vaisseaux de ligne et quarante frégates, et en 1681, elle avait 198 bâtiments de guerre, et soixante-dix mille matelots. Ces forces navales servirent à vaincre nos ennemis, et à étendre et protéger le commerce maritime. Les pirates des côtes barbaresques, qui infestaient les mers, furent enfin réprimés et foudroyés jusque dans leurs repaires. La marine marchande se développa en même temps d'une manière prodigieuse, grâce aux secours que les compagnies commerciales reçurent de l'État et aux primes que le roi accordait aux négociants par tonneaux d'importation ou d'exportation, et à tous les armateurs qui faisaient construire des vaisseaux dans les ports du royaume. Enfin, Colbert, par une politique profonde, permit à la noblesse de se livrer au commerce sans déroger. Grâce à cette loi, on vit bientôt dans les villes maritimes les meilleures familles concourir de leur argent et de leur esprit à la prospérité commerciale.

L'industrie attira aussi son attention. Il faisait venir des pays voisins d'habiles ouvriers qui apprenaient ensuite à la France les industries spéciales aux étrangers. Pour apprendre aux femmes à faire les ouvrages de dentelles, on fit venir trente principales ouvrières de Venise et deux cents de Flandre, et on leur donna trente-six mille livres pour les encourager. On déroba ainsi aux Anglais la trempe de l'acier, aux Allemanes le métier de ferblantier, aux Suédois le moyen de faire le goudron, aux Flamands l'art de faire les dentelles, aux Vénitiens celui de fondre les glaces, aux Turcs l'art de tisser les tapis. Bientôt, on vit aussi fabriquer en France les serges de Hollande, les toiles de Flandres, les velours de Gênes. Dès 1665, la manufacture du faubourg St-Antoine à Paris put produire ces belles glaces que les Vénitiens nous vendaient auparavant à des prix excessifs. Deux années plus tard, la célèbre manufacture des Gobelins, fondée au faubourg St-Marceau, et mise sous la direction des meilleurs peintres, donna les plus superbes tapisseries qu'on ait jamais vues.

Les étoffes d'or, d'argent et de soie de St-Maur, les draps d'Abbeville, d'Elbeuf, de Louviers, les soieries de Lyon, enfin des métiers de toute sorte, embrassant divers genres, formèrent l'industrie nationale et rivalisèrent avec l'industrie étrangère. Les tapis de Turquie et de Perse ne furent pas plus beaux que ceux de la Savonnerie, ni les tapisseries de Flandres plus recherchées que celles des Gobelins. Il sortait encore de cette dernière manufacture des ouvrages de mosaïque comparables à ce que Rome a produit de plus remarquable en ce genre de travail. On ne peut s'empêcher de mentionner la manufacture de tapisseries établie à Beauvais dans laquelle 600 ouvriers étaient occupés, et à laquelle le roi fit présent de 60 mille livres. « Pour encourager l'industrie nationale, le roi achetait tous les ans pour environ huit cent mille de nos livres de tous les ouvrages de goût qu'on fabriquait dans son royaume, et il en faisait des présents. » (Voir le *Siècle de Louis XIV*, par Voltaire.) Voltaire fait observer que Louis XIV se rendait d'un abord facile aux hommes connus qui voulaient l'instruire de leurs propositions ou inventions. Tout citoyen avait la liberté de lui adresser des requêtes et des projets qui étaient lus et discutés en conseil des ministres et quelquefois en présence de leurs auteurs. Ainsi on vit, entre le trône et la nation, une correspondance qui subsista malgré le pouvoir absolu.

Cette application à développer l'industrie, le commerce, l'agriculture, ne fut pas particulière au grand règne de Louis XIV. On la voit sous tous les rois, et nous l'avons remarquée encore sous la Restauration. Il suffit d'ouvrir le premier livre élémentaire d'histoire pour s'en convaincre. Dauban me tombe sous la main. Voici ce que je lis à la page 109 : « Progrès de l'agriculture, prospérité commerciale et financière. » Ces titres seuls prouvent déjà en faveur de la Restauration. Mais venons aux détails, je cite : L'agriculture entra véritablement dans une voie d'améliorations réelles. Lorsque la Restauration eut ramené la paix en France, on vit les anciens officiers et soldats de l'Empire, échangeant l'épée contre la charrue, faire rejaillir l'éclat de la profession qu'ils quittaient sur celle qu'ils embrassaient, et répandre autour d'eux la connaissance de procédés agricoles dont ils avaient pu être témoins dans les pays étrangers. L'École forestière de Nancy fut fondée en 1824, et la Société d'agriculture se forma sous les auspices de Charles X.... La subdivision de la propriété en un plus grand nombre de mains cultivant la terre, sinon avec plus de science, du moins avec plus d'efforts et d'économie, fut une cause importante de l'accroissement des produits ; beaucoup de terres furent défrichées ; on généralisa la culture des pommes de terre ; on introduisit l'usage des prairies artificielles ; on perfectionna les races et l'éducation des animaux domestiques. Les efforts des agronomes, pour propager les doctrines de l'agriculture rationnelle, furent couronnés de succès ; Mathieu de Dombasle surtout, par ses livres, ses instruments. ses leçons, sa ferme-modèle de Roville (Meurthe), établie en 1822, contribua beaucoup au progrès de l'agriculture.

• La Restauration comprit la nécessité de donner une vie nouvelle à l'agriculture, au commerce intérieur, à l'industrie, par le développement des voies de navigation. On continua les routes, et les lois de 1821, de 1822, etc., permirent de travailler, pendant dix années, aux travaux que l'Empire avait laissés inachevés, et à de nouvelles entreprises de navigation intérieure, de routes, de ponts. Il y eut en France, de 1815 à 1830, lorsque la paix eut été rétablie, lorsque la mer eut été rouverte, une grande activité commerciale et industrielle. Des traités de commerce furent conclus avec les puissances étrangères; la marine militaire fut développée, la marine marchande protégée; l'état de nos colonies fut amélioré; le Portugal nous rendit la Guyane en 1817; il y eut de nouveaux établissements au Sénégal, à Bakel (1818), à St-Charles, (1825), ainsi qu'à Madagascar, à Ste-Marie (1821).

A l'intérieur, l'industrie n'était pas restée sans encouragement: une école des mineurs était créée à St-Etienne, dès 1816; en 1819, il y avait une exposition célèbre au Louvre des produits de l'industrie; et, en 1827, on put constater les progrès immenses que la France avait faits sous ce rapport. Une ordonnance du roi chargeait, en 1819, les préfets de composer un jury de sept fabricants pour désigner les artistes et manufacturiers qui, depuis dix ans, avaient le plus contribué aux progrès de l'industrie française.

« Aussi peut-on dire que les quinze années de la Restauration furent une période de prospérité industrielle et commerciale. La Restauration fut également une période de prospérité financière, malgré les lourdes charges alors imposées au pays. Quoique la dette publique, accrue de 3.160.117.027 francs, fût en 1830 de

4.426.279.767 francs, il y eut équilibre entre les dépenses et les recettes ordinaires. Le chiffre annuel du budget fut d'environ un milliard; l'excédant de dépenses sur les recettes n'avait été que de 20 millions de 1815 à 1830; et ce qui peut donner une idée de la prospérité du crédit public, c'est qu'au mois de juillet 1830, la rente 5 pour 100 était au taux de 105 francs 15 centimes. L'établissement d'une royauté constitutionnelle avait exigé, dans l'administration des deniers de l'Etat, une publicité que l'Empire n'avait jamais admise; aussi le budget de 1814 fut-il accompagné, pour la première fois, d'un exposé sommaire de la situation des affaires... On fonda aussi l'amortissement en y consacrant une dotation convenable, et cette institution rendit dès lors de grands services au crédit. Depuis cette époque, des lois nombreuses (1818, 1819, 1820, 1821, 1822, 1823, 1827) améliorèrent de la façon la plus remarquable l'administration financière de la France.»

Voilà ce que dit Dauban qui est assez impartial, mais plus admirateur de Napoléon III que des Bourbons.

La Royauté a fait la grandeur de la France en tout temps et elle est destinée à la faire encore. Je ne crains pas de dire, après les expériences de l'Empire et de la République, que la France ne verra renaître la prospérité sous tous les rapports, que le jour où la Royauté remontera sur le trône.

CHAPITRE V. — **L'armée et la guerre.**

De tout temps, l'armée française s'est rendue célèbre par sa bravoure et sa discipline. Mais depuis que l'armée permanente eut été établie, nos rois n'ont rien épargné pour la rendre la première du monde. Le recrutement volontaire, en vertu de son principe, n'envoyait sous les armes que les hommes les plus propres à la guerre : alors on n'allait pas ravir de force le paysan à ses terres, l'ouvrier à son atelier, l'étudiant à son école, le négociant à son comptoir. Les armées ne se composaient que de vingt à trente mille hommes. Louis XIV pourtant mit sous les armes jusqu'à deux cent mille hommes pour résister aux forces de l'Europe coalisée. Mais on se fiait moins sur le nombre que sur la qualité ; les soldats, valeureux et exercés à leur métier de longue main ; les officiers, tirés presque tous de la noblesse, étaient aussi braves qu'instruits, les généraux d'une habileté consommée. Toute l'armée marchait sous les ordres du roi qui en était le chef naturel et qui lui inspirait un courage indicible.

Quand le roi lui-même ne prenait pas en personne le commandement des troupes pour diriger les opérations, comme le plus expérimenté capitaine, il laissait au génie des généraux qu'il mettait à la tête des armées le soin de défendre sa patrie. Aussi quels noms fameux dans l'histoire ! On célébrera dans tous les siècles les illuminations de Condé, la prudence et l'audace de

Turenne, l'habileté et la valeur de Luxembourg, l'heureuse témérité du duc d'Harcourt, la science profonde de Catinat, la souplesse et le coup d'œil de Villars. Voilà les capitaines que la France envoyait à la tête de ses armées tant qu'ils étaient laissés à leurs propres inspirations. Aussi quelles victoires éclatantes ne remportèrent-ils pas ? Mais depuis que le grand roi, trop plein de sa supériorité et de son génie, voulut de son cabinet diriger les mouvements des généraux et leur envoyer des plans de campagne, les défaites les plus humiliantes suivirent cette tactique déraisonnable. Hoschtedt, Oudenarde, Ramillies, Turin, firent payer cher à Louis XIV son orgueil et ses prétentions. Pourtant on ne peut pas dire qu'il avait des généraux incapables, puisque plusieurs de ceux qui éprouvèrent ces défaites, avaient remporté des victoires auparavant ; mais ce n'était pas là la politique traditionnelle de la Royauté.

Le désastre de Sedan sera l'éternelle honte du ministère impérial qui donna ordre au maréchal Mac-Mahon de marcher vers Metz, tandis qu'il ne voyait plus de salut que sous les murs de Paris.

La République, grâce au génie de Carnot, a organisé la victoire du fond du cabinet. Mais le génie de Carnot, secondé d'ailleurs par des généraux intelligents, des soldats enthousiastes et nombreux, ne saurait infirmer la règle ni faire loi. Nous avons vu ce qu'a produit le fougueux Gambetta avec ses ordres téméraires ; il avait pourtant, pour les exécuter, des généraux habiles dont une victoire récente doublait le courage.

La Monarchie et même l'Empire n'imposaient leurs plans que par exception, mais la République les impose par règle. Elle seule a inventé les commissaires de surveillance qui s'attachaient aux flancs des généraux comme des maîtres ou comme des accusateurs. Il fallut à Bonaparte la fierté de son âme pour se défaire de leurs regards et de leurs ordres importuns.

Depuis que l'armée a subi les modifications apportées par le génie de Napoléon, les rois ont su lui conserver sa force et sa gloire. Que n'a pas fait la Restauration pour remettre l'armée française écrasée à Waterloo dans un état capable d'inspirer le respect à l'Europe. Rien ne fut omis pour l'organiser, l'instruire, l'armer, l'équiper. Aussi, dès la fin du règne de Charles X, elle put entreprendre, à la vue de l'Angleterre frémissante, cette magnifique expédition d'Alger, qui donna à la France une belle colonie. La marine montra sa puissance dans l'expédition de Grèce, et sous Louis-Philippe dans celle du Maroc. Mais nos rois ne s'aventuraient pas à l'aveugle dans des guerres folles ; ils avançaient lentement, mais en sûreté. L'armée royale, exercée et instruite, était véritablement une école de discipline et de dévouement, et toute disposée à défendre les principes sociaux.

Une des qualités des rois de France, c'est qu'ils avaient autant d'habileté à découvrir les grands hommes en tout genre de mérite que de soins et de prudence à les conserver. C'est ainsi que Louis XIV, en qui se trouvait, selon l'expression de Mazarin, l'étoffe de quatre rois, quand il apprit que Tourville, après un combat brillant, avait perdu quinze de ses grands vaisseaux dans le désastre de la Hogue, sa première pensée fut de demander : « Tourville est-il sauvé ? car pour des vaisseaux, on en peut trouver ; mais un officier comme lui on ne le trouve pas aisément. » Louis XIV montra cette grandeur d'âme, non-seulement dans le temps de ses prospérités, mais encore au plus fort de ses revers. Quand Villeroi se présenta à la cour après la défaite d'Oudenarde, il se contenta de lui dire : « Monsieur le maréchal, on n'est plus heureux à notre âge. » S'il savait plaindre le malheur, il savait récompenser les belles actions : il créa l'ordre de Saint-Louis pour honorer les officiers qui se distinguaient dans les combats. Toutes les récompenses étaient d'autant plus estimées qu'elles étaient moins prodiguées.

Napoléon, accoutumé à vaincre et connaissant, à ce qu'il paraît, les difficultés de la victoire, et par conséquent devant être plus porté qu'un autre à excuser la défaite, ne montra pas envers l'amiral de Villeneuve, vaincu à Trafalgar, la même douceur que Louis XIV envers Tourville.

Villeneuve, ayant soutenu vaillamment l'attaque de l'amiral Nelson, qu'il tua même dans le combat, avait vu sa flotte presque entièrement détruite, et lui-même, fait prisonnier, fut emmené en Angleterre. Après son retour en France, traduit devant un conseil de guerre, il se donne la mort pour éviter l'infamie d'une condamnation.

La famille des Bourbons, par une sage politique, acquit plusieurs royaumes, les duchés de Parme, les Deux-Siciles, l'Espagne, mais elle y était appelée par les peuples eux-mêmes. S'il fallut prendre les armes pour se mettre en possession de ces couronnes, ce fut, non contre les peuples, mais contre les rois voisins, jaloux de cet agrandissement. Ainsi, la royauté ne montra jamais la violence de la République et de l'Empire, qui voulaient l'une, transformer toutes les nations de l'Europe en République, l'autre donner tous les trônes à sa famille.

Nos rois s'occupèrent aussi très-activement de former la marine militaire ; en peu de temps, les flottes anglaises et hollandaises réunies furent impuissantes à lutter contre la nôtre. Nos amiraux firent manœuvrer leurs vaisseaux avec autant d'habileté que nos généraux, leurs bataillons. C'est à la royauté que nous devons toutes nos victoires navales; tant elle était attentive à ne priver la France d'aucune gloire et d'aucune des forces dont elle peut disposer. Mais où sont les flottes et les victoires navales de la République et de l'Empire ?

On a peine à comprendre que Napoléon, qui n'épargnait rien pour former ses armées de terre, n'ait pas eu l'idée de former pareillement une flotte capable de lutter contre celle des Anglais ; car c'était sur mer seulement qu'il pouvait espérer d'abattre cette puissance.

La République fit anéantir par son imprudence les vaisseaux que lui avait légués la Royauté et n'en reconstruisit plus.

Enfin, ce qui valait peut-être plus que les flottes et les armées, c'étaient les alliances. Outre les nations sur lesquelles régnaient des membres de la famille des Bourbons, la France avait soin de conserver l'amitié des nations voisines.

Je ne rappellerai pas ici les alliances de Richelieu avec les nations du Nord, de Louis XIV avec l'Angleterre pendant quelque temps, de Louis XV, tantôt avec l'Autriche, tantôt avec la Prusse, il me suffit de parcourir les règnes des derniers Bourbons. Louis XVIII, à peine remonté sur le trône, s'unit avec l'Angleterre et avec l'Autriche, et sans les Cent Jours, il aurait rétabli de concert avec ces deux puissances le royaume de Pologne indépendant, sous une dynastie distincte, et formant comme un État intermédiaire entre les trois grandes monarchies voisines. Il était uni avec l'Espagne qu'il avait délivrée des guerres civiles. Sous Charles X, la France s'unit à l'Angleterre et à la Russie pour délivrer la Grèce du joug de la Turquie.

Enfin, sous Louis-Philippe, on vit la France, toujours fidèle sous la royauté à la politique en faveur des petits États, prêter secours à la Belgique pour reconquérir son indépendance.

CHAPITRE VI. — **L'Instruction.**

L'instruction publique a toujours fleuri en France sous la royauté, sans dépenses extraordinaires, rien que par la simple liberté accordée aux personnes généreuses qui voulaient se vouer au pénible travail d'instruire les enfants du peuple.

Rien de plus célèbre, à toutes les époques de notre histoire que nos écoles de littérature, de philosophie, de théologie, de droit, de médecine ; les plus nobles familles des nations étrangères y envoyaient leurs enfants pour en rapporter avec la science la politesse française.

« Eh bien, ces grandes études, disait Mgr Dupanloup à la tribune de l'Assemblée nationale, depuis 70 ans sont dans un état d'abaissement continu. Et pourtant, il n'y a pour aucun peuple, sans la grandeur cultivée des esprits, de prépondérance durable sur la terre. Les ministres mêmes de l'instruction publique ont reconnu dans des rapports célèbres la supériorité de l'instruction de l'ancien régime sur celle du nouveau. M. de Salvandy faisait observer qu'aujourd'hui la France, avec ses 36 millions d'âmes, (c'était en 1847 ! hélas! nous y sommes retombés!), c'est-à-dire avec 12 millions de plus qu'au XVIIe siècle, en 1660, n'avait en tout, dans 365 colléges ou dans les établissements privés, qu'un nombre d'élèves à peine égal aux 75,000 élèves de l'ancien régime.

M. Villemain avait écrit et imprimé précédemment, en 1842, dans un rapport au roi les paroles que voici, (vous les pouvez lire comme moi): L'état présent de la France ne nous donne pas, sur l'ensemble de la société française, 80,000 citoyens munis d'une instruction complète. Voilà ce que disait M. Villemain en 1842. Et M. de Salvandy faisait observer qu'il y avait en 1760, quand la France ne comptait que 24 millions d'âmes environ, 740 colléges dont on a découvert l'existence, dont les traces nous sont restées. Les élèves y montaient environ à 75,000, auxquels il faut ajouter environ 100 autres colléges dont les états ne nous sont point parvenus ; et il faudrait encore ajouter tous ceux dont le nom n'est pas pas arrivé jusqu'à nous ; et la foule d'étudiants connus et inconnus que chaque communauté, chaque chapitre, chaque curé dans sa paroisse, et presque chaque ecclésiastique élevaient dans les belles lettres et auxquels ils faisaient faire leurs humanités. La différence de l'ancien régime à l'état présent de la France est donc énorme, puisque la population du royaume s'est élevée dans la même proportion où la population lettrée a décru. Voilà ce qui se passait en 1842 et 1847. Cela s'est-il amélioré depuis ? non, cela a profondément empiré. J'ai dit que l'Empire à son début supprima la philosophie ; il faut d'abord reconnaître que, depuis 1842 et 1847, il y eut plusieurs révolutions, et les révolutions violentes n'ont jamais été utiles aux lettres, aux bonnes études. La grande révolution les avait anéanties. Le génie du premier consul les releva. Je crois qu'il n'a pas suivi les vraies inspirations jusqu'au bout ; mais je n'insiste pas.

« Nous avons eu le 24 février, le 2 décembre, le 4 septembre, et à travers tout cela des révolutions intérieures dans le gouvernement des études qui passent tout ce qui se peut dire, tout ce que le bon sens et l'esprit humain peuvent accepter. Il n'y a pas de force d'esprit qui puisse résister à toute la mobilité d'un tel gouvernement des études. »

Si depuis la révolution les études ne se sont pas relevées au niveau de celles de l'ancien régime, il n'en est pas pas moins vrai que la Restauration fit pour elles tout ce qui se pouvait en ce moment-là. L'Empire fut moins heureux ; c'est sous ce gouvernement qu'eurent lieu les nombreuses révolutions intérieures dans les études qui ont tant nui à leurs progrès.

CHAPITRE VII. **Belles-Lettres, Sciences et Arts.**

Un peuple acquiert autant de gloire par les belles-lettres que par les armes. Sans les poëtes, les historiens ou les orateurs, les victoires des plus grands capitaines demeureraient ensevelies dans les ténèbres de l'oubli. Ce qui les rend immortelles, c'est moins leur éclat propre, que celui qu'elles reçoivent du récit qu'en font les écrivains illustres. Il n'est peut-être pas de nation qui présente un plus grand nombre de génies, dans tous les genres de littérature, que la nation française. Mais avec quelle attention, avec quel zèle les rois protégeaient les hommes distingués par leurs talents. Leurs bienfaits s'étendaient non-seulement sur leurs propres sujets, mais ils allaient aussi trouver et encourager les savants étrangers. Combien d'hommes célèbres ont été attirés par la reconnaissance autour du trône de France auqueli ls donnaient ensuite autant d'éclat qu'ils en recevaient d'honneurs! Dans la République, l'esprit n'est pas assez calme pour s'occuper de belles-lettres. Les divisions intestines obligent tous les citoyens à tenir (pour ainsi dire) continuellement les yeux tournés vers leur propre sûreté. D'ailleurs, le gouvernement, tout préoccupé aussi de sa propre défense contre les ennemis du dedans et du dehors, ne peut s'appliquer à favoriser les progrès des belles-lettres et des beaux-arts. Les siècles les plus glorieux par l'éloquence, la poésie, les sciences, les beaux-arts, portent les noms des princes les plus illustres. Si nous prenions la peine d'étudier leurs règnes, nous verrions que leurs royaumes jouissaient de la plus grande tranquillité. Périclès, Auguste, les Médicis, Louis XIV, les rois de la Restauration, sont les règnes les plus fameux et les plus paisibles. Nos rois n'ont jamais séparé les belles-lettres des sciences et des arts. Les savants et les artistes avaient autant de part que les écrivains aux libéralités et à la protection royale. Corneille et Racine, Descartes et Malebranche, Boileau et La Fontaine, Bossuet et Fénelon, Pascal, et une infinité d'autres, seront l'éternel honneur de l'esprit humain et de la royauté française. Les Perrault, les Mansard, les Bernin, les Lebrun, les Mignard, les Lemoine, construisaient ou formaient ces superbes palais qui font l'admiration du monde.

Teute la gloire de ces grandes choses revient à

la Royauté ; car, comme le remarque Voltaire, c'est peu d'avoir des Vitruve, il faut que les Auguste les emploient. Déjà François Ier avait mérité le titre glorieux de père des lettres ; mais Lous XIII, par Richelieu et Louis XIV, par Colbert, firent pour les lettres et les arts ce que nûl roi n'avait encore fait avant eux. Ils ne se contentèrent pas de protéger et de pensionner les artistes, et les écrivains : ils les firent pour ainsi dire naître par leurs belles institutions. Richelieu créa l'Académie française ; Colbert les Académies de peinture, de sculpture, d'architecture, des inscriptions et belles-lettres.

La Restauration ne s'est pas moins montrée fidèle à la politique de Louis XIV, à l'égard des sciences et des arts. Elle seconda merveilleusement le mouvement qui se produisit au sortir des ténèbres de la Révolution. Chateaubriand, de Maistre, de Bonald, Lamennais, Victor Hugo, Lamartine, Alfred de Vigny, Guizot, Augustin Thierry, Cousin, Villemain et une multitude d'autres écrivains marquent cette période de renaissance littéraire. Les arts ne le cédèrent point aux lettres.

Quiconque a ouvert une histoire de France y a lu que les rois ont été les plus intelligents protecteurs des savants. Ils n'ont jamais coupé la tête aux Lavoisier, aux Chénier. Ils couronnaient de fleurs les poëtes, et ne les chassaient pas de France, ni ne les envoyaient en exil, en prison, ou à l'échafaud.

FIN.

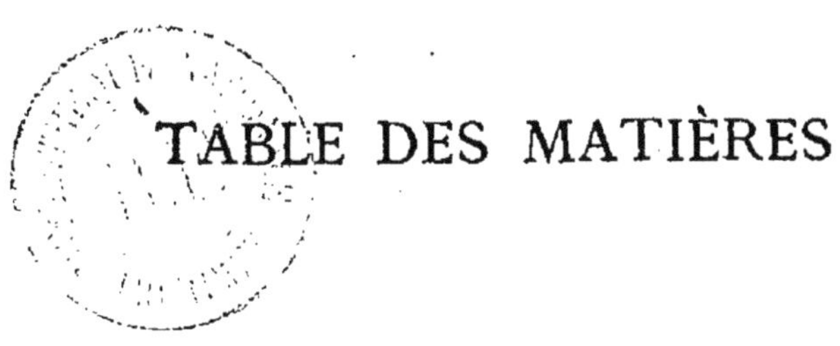

TABLE DES MATIÈRES

LIVRE PREMIER

LA POLITIQUE NATURELLE DE LA FRANCE

LIVRE DEUXIÈME

LA POLITIQUE NATURELLE DE LA RÉPUBLIQUE

LIVRE TROISIÈME

LA POLITIQUE NATURELLE DE L'EMPIRE

LIVRE QUATRIÈME

LA POLITIQUE NATURELLE DE LA ROYAUTÉ

www.ingramcontent.com/pod-product-compliance
Ingram Content Group UK Ltd.
Pitfield, Milton Keynes, MK11 3LW, UK
UKHW012228240726
13966UKWH00003B/999

9 782011 618542